日本橋 とみしま流

本当に喜ばれる献立36

料理上手の、
とっさのおもてなし

料理・献立
富島惠子

はじめに

　1978 年 10 月、日本橋人形町に「とみしま」を開店、2011 年 4 月に日本橋蛎殻町に移転、いつの間にか 40 年が経ちました。ある日、二人の娘さんに "料理を教えてください" と請われ、人様に教えるスキルもないまま引き受けてしまいました。それから 2 年が経ったころお二人は結婚、今ではお母さんです。程なく、別のグループの要請で始まった「食遊び教室」、" 一緒に勉強しましょう " とスタートした教室は、" 時短・簡単 " をテーマに、1 時間に 3 品を課し、私以上の力量のある男性陣も集うようになって、試食も賑やかに 3 年間続きました。今では、" 料理おさらい会 " を開いて、伝えた以上の味を披露してくれて、嬉しく思っています。

　そんな中、" レシピをまとめてください " の言葉とともに、" こんな時何を作る・あんな時は？ " の声を拾い集め、シチュエーションごとの献立を考えるように。3 年間 36 の献立、108 のレシピをまとめ、この本が出来上がりました。

　青唐味噌を作り始めたきっかけは、幼稚園のころからの友人の家でご馳走になった、茄子の味噌炒めでした。あまりの美味にレシピを訊ね、酒のアテになるように思考錯誤の末、野菜ステックに添えて店に出すと、お客様が家に持ち帰るほどの人気になり、ご家庭でも味わえるよう瓶詰めにしました。

　怠け者の私が、料理教室も青唐味噌も、皆さんの声に押され、支えられて今日まで続けてこられました。本の中のレシピ３品にこだわらず、どうぞ自由に組み合わせて作ってみてください。この本で一人でも多くの人が料理好きになり、レパートリーを増やす参考にしていただけたら幸いです。

富島 恵子

はじめに	2	目次	4
本書の見方・使い方	7	ソースの作り方	8

家族と過ごす

1・親戚が集まった夜に …… 10
寄せ豆腐のあんかけ／簡単たけのこご飯／鶏手羽と小じゃがのローズマリー焼き

2・子どもが初めてのお手伝い …… 12
茄子のミルフィーユ／バナナケーキ／チコリのハムチーズ乗せ

3・ママの留守の日に作るパパ飯 …… 14
里芋ときのこの混ぜご飯／新じゃがとブロッコリーのクリーム焼き／青魚のサラダ

4・姑が訪問時の家族飯 …… 17
かぼちゃのレンジ蒸し／豆腐と野菜のクリーム焼き／鶏ささ身のグレープフルーツ和え

5・受験生の夜食に …… 20
うどんのグラタン／パングラタン／ソパ・デ・アホ(スペイン風にんにくスープ)

6・家族そろってスタミナ満点 …… 22
スペアリブ／豚ヒレ肉のハンガリーソース／牛サーロインと新たけのこと菜の花 バルサミコソース

出汁の取り方 …… 26

友人と過ごす

7・旧友の集まる日に …… 28
田舎風オムレツ／栗と根菜の炒り煮／豆腐ステーキ

8・飲み会後に家飲み …… 30
チキンレモン／アボカドディップ／レタスと生ハムのレンジ蒸し

9・ポットラック(持ち寄り)パーティー …… 32
ザワークラウトとソーセージベーコン炒め／アンチョビブロッコリー／きのこのファルシー

10・子ども連れのママ友会 …… 35
スペインオムレツ／カポナータ／フルーツのヨーグルト和え

11・皆でワイワイ作る料理 …… 38
トンペイ焼き／ネギ焼き／ソバ入りお好み焼き

材料の切り方 …… 42

来客を迎える

12・夫が部下を連れて急にご帰還 44
蓮根のポン酢炒り煮／牛肉のトマト炒め／鶏汁のつけそば

13・腹っぺらしの級友を連れて 48
具だくさんのにんにくスープ／簡単コルドンブルー／生地から作る簡単ピザ

14・娘が婚約者を紹介する夜 51
ボイル豚／シーフードマリネ／ごぼうのキッシュ

15・息子が婚約者を紹介する夜 54
桃とトマトの冷製パスタ／ピピラーナ（スペイン風サラダ）／豚ヒレ肉ときのこの
マーマレード焼き マッシュポテト添え

16・外国人にふるまう料理 57
手巻き寿司／鯛そうめん／串揚げ

17・とっさのお客様に 60
カニ缶の茶碗蒸しコリアンダー乗せ／温野菜サラダ（ヤンニョムジャンソースかけ）／
鶏手羽と新じゃがの酢煮

18・子どもの誕生会に 64
新じゃがと林檎のクリーム焼き／エッグチーズスフレ／フルーツポンチ

イベントに便利

19・大人数のパーティー料理 67
春のちらし寿司／鰹のカルパッチョ風／温野菜のバーニャカウダ

20・クリスマスの料理 70
ターキー／パスタサラダ／クリスマスツリー

21・デザート3品 73
桃のクランブルケーキ／レアチーズケーキ／道明寺 桜餅

22・腕を振るっておもてなし 76
パエリア／ドライ杏と鶏手羽のワイン煮／ボイルポークのバーモントソース

23・初めての食材に挑戦 80
ホワイトアスパラの卵添え／花豆とするめいかのイタリアン炒め／ペペロナータ

24・海外旅行から帰国したら 82
いか大根／きのこの白和え／コールドチキンと夏野菜の棒棒鶏

25・たっぷり時間がある日に 86
胡麻豆腐／金時豆とベーコンのトマト煮／参鶏湯

健康のために

26・長生きしたい人の常食スープ 90
ジョナサンスープ（チリコンカン）／根菜の梅干しスープ（冷蔵庫の残り物スープ）／
かぼちゃのスープ

27・炭水化物抜きでも満腹に 92
茄子とトマトのチーズ焼き／牛肉のサラダ／きのこの豆腐あんかけ

28・病気の人のいる家族飯 94
乳和食の肉豆腐／ぶりの山芋あんかけ／冬瓜の鶏あんかけ

29・フルーツを使用した料理 98
ぶどうの白和え／豚ロースのカバフルーツ和え／柿とセロリのサラダ

ママのおすすめ酒 100

お助けメニュー

30・男一人飯 102
春キャベツとアンチョビのペペロンチーノ／砂肝のアヒージョ／しめじにんにく

31・女一人飯 104
野菜のフルーツ和え／冷や汁／納豆サラダ

32・大量の到来ものに困った時 106
そうめん三種汁／林檎とさつまいものレーズン煮／サラダうどん

33・餅活用術 108
餅のマッシュポテトグラタン／餅のピザ風／餅入り野菜のXO醬炒め

34・冷蔵庫の余りもので 110
ひじきのサラダ／冬瓜の春雨煮／千切大根のハリハリ漬け

35・外国赴任前夜に食べたい 112
すき焼き／するめいかのワタ焼き／里芋と浅葱和え

36・釣り人の釣果のあった日 116
スズキor鯛のシードル煮／鰯の詰め物／簡単アクアパッツア

とみしまのご紹介 118   私ととみしま 119

とみしまの歴史 119   素材別索引 124

本書の見方・使い方

1 テーマ
そのメニューを提供したいシチュエーション

2 調理時間
3品を調理するのにかかるおおよその時間（1品の場合もあります）

3 全体の手順
一度に3品を作る場合の、全体の手順

4 使う食材
3品を作るのに必要な食材を「肉・魚」「野菜」「その他」に分けて表記

5 メニュー
紹介しているメニュー名

6 材料
1品に使用する4人分の材料と分量（1人分の場合もあります）

7 手順
1品を作る際の手順

8 ポイント
料理を作る際のアドバイスやおすすめのお酒を紹介

※電子レンジの加熱時間は、600Wの場合の目安です。

ホワイトソースの作り方

パングラタン〈P.21〉 エッグチーズスフレ〈P.65〉 など

材料

バター……… 50g
小麦粉……… 大さじ5
牛乳………… 4カップ
塩胡椒……… 少々

作り方

1 ボールに小麦粉、牛乳を入れて、だまができないように混ぜる。

2 鍋にバターを入れ火にかけ、バターを溶かす。1を入れよく混ぜる。ふつふつと煮立ったら塩胡椒で味を調える。

トマトソースの作り方

茄子のミルフィーユ〈P.12〉 など

材料

にんにく……… 大2片
ホールトマト缶… 2缶
鷹の爪………… 2本
塩胡椒………… 少々

作り方

1 にんにくはみじん切りにし、フライパンにオリーブオイルと鷹の爪を入れ、にんにくが色づくまで炒める。

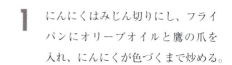

2 1にホールトマトを手で潰しながら入れ、約半量になるまで煮詰めたら塩胡椒で味を調える。

家族と過ごす
For Family

Recipe 1

ゆっくりと語り合うのも…

親戚が集まった夜に

久しぶりの親戚との集い。〆のご飯を最初に並べておけば、料理を作るお母さんも心置きなく楽しめます。

約90分

炊飯器のスイッチを押したらじゃがいもを茹で、野菜を切る。たけのこご飯の野菜を煮たら、じゃがいもが茹であがる頃。お皿にセットしオーブンへ入れたら、寄せ豆腐にとりかかる。

3品で使う主な食材

肉・魚	鶏手羽先
野菜	じゃがいも　にんじん　ごぼう　たけのこ　小松菜　つる紫(青菜)　椎茸　しめじ　トマト　オクラ　にんにく　三つ葉　さやいんげん　ローズマリー
その他	米　白こんにゃく　油揚げ　寄せ豆腐　片栗粉

寄せ豆腐のあんかけ

定番のおかかとお醤油ではない豆腐の楽しみ方です。野菜は茹ですぎに注意。

◎ **材料(4人分)**

小松菜	1本
つる紫(青菜)	1本
トマト	中1個
オクラ	1本
片栗粉	大さじ1
A ┌ 醤油	大さじ1
├ みりん	大さじ1
└ だしの素	大さじ1
塩	適量
寄せ豆腐	½丁

1 小松菜、つる菜は茹でて2cmに切る。オクラは湯に通した後薄く輪切り、トマトは湯むき後2cmに切る。

2 鍋に水1カップを入れ、**A**で味を調え、片栗粉でとろみをつけたら冷蔵庫で冷やす。

3 豆腐を器に盛って、**1**を飾り、**2**をかける。

簡単たけのこご飯

具だくさんのたけのこご飯を大きな平皿に盛ることで、見た目も華やかになります。

◎材料(4人分)

米	3合
たけのこ	中1個
白こんにゃく	1個
ごぼう	1本
油揚げ	1枚
椎茸	4枚
しめじ	1パック
にんじん	中½個
三つ葉	適量
さやいんげん	適量
A 醤油	大さじ4
A みりん	大さじ2
A だしの素	大さじ2
A 塩	小さじ1

1 米はかために炊いておく。
2 にんじん、椎茸は千切り、たけのこは銀杏切り、こんにゃくは細短冊切り、ごぼうはささがき、油揚げは拍子切りにする。しめじは石づきを取り房を外す。
3 三つ葉は2cmに切る。さやいんげんは塩茹でし、斜め細切り。
4 2の野菜はAでさっと煮る（水は入れない）。その後、さやいんげんを入れ冷ましておく。
5 ご飯に4を混ぜ、三つ葉を盛る。

POINT Bは2倍濃縮めんつゆ100mℓでも可

鶏手羽と小じゃがのローズマリー焼き

オーブンから出したら、新鮮なローズマリーを添えて香りを楽しみましょう。

◎材料(4人分)

鶏手羽先	12本
じゃがいも	小300g
にんにく	8片
ローズマリー	適量
塩胡椒	適量
オリーブオイル	適量

1 じゃがいもは皮をむかずに串が通るまで茹でる。
2 オーブン皿に1を敷き、鶏手羽先を重ねる。にんにくを挟み入れ、塩胡椒する。
3 2にローズマリーを乗せ、オリーブオイルをかけ、250℃のオーブンで25分以上焼く。

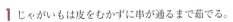

Recipe 2

楽しみながら完成を待ちます

子どもが初めてのお手伝い

粘土遊びのように手でこねて、積み木のように重ねていく。後はオーブンにお任せです。自分で作る初めての料理、完成を待つ子どもの顔も嬉しそう。

⏳ 約 **60** 分

バナナケーキ・ミルフィーユ・チコリの順で。トースターがあれば、ミルフィーユが焼き上がる8分前にチコリを焼いて同時完成。

3品で使う主な食材

肉・魚	合いびき肉　ハム
野菜	チコリ　茄子　バナナ　フルーツ
その他	卵　牛乳　とろけるチーズ　スライスチーズ　ホワイトソース　トマトソース　ホットケーキミックス

茄子の ミルフィーユ

茄子をやわらかく仕上げたいなら **1** の後にレンジで3分。

◎ **材料**
（24cm×20cmのオーブン皿）

茄子	9本
ホワイトソース（市販）	1缶
とろけるチーズ	適量
トマトソース（市販）	300g
オリーブオイル	適量
合いびき肉	300g

1 茄子は縦に3等分に切る。

2 フライパンにオリーブオイルを入れ、合いびき肉を炒めた後、市販のトマトソースを入れてさらに炒める。

3 **2**を塩胡椒で味を調えながら、少し煮詰め3等分する。

4 オーブン皿に茄子を敷き詰め、**3**の3分の1を万遍なくかけ、ホワイトソース缶3分の1をのばす。

5 **4**を繰り返して3段作り、一番上にとろけるチーズをふりかけ、230℃のオーブンで25分間焼く。

バナナケーキ

熟したバナナを使って。お子さんの出番です。

◎ 材料(4人分)
- ホットケーキミックス…300g
- バナナ……………………… 3本
- 牛乳……………………… 1カップ
- 粉砂糖…………………… 適量
- 好みのフルーツ(苺 ブルーベリー ぶどう オレンジ等)………… 適量
- 卵………………………… 2個

1. ホットケーキミックスに牛乳を入れよく混ぜる。その後、バナナを手でつぶしながら入れ軽く混ぜる。
2. 1をオーブン皿に流し入れ、200℃のオーブンで25分焼く。
3. 粗熱が取れたら8等分にカットし、好みのフルーツを飾り、粉砂糖をふる。

チコリのハムチーズ乗せ

チコリを破らないようにゆっくり1枚ずつはがしましょう。小さいサイズは2枚重ねて。

◎ 材料(4人分)
- チコリ…………………… 8枚
- ハム……………………… 4枚
- スライスチーズ………… 4枚
- とろけるチーズ………… 4枚

1. ハムとチーズを半分に切る。
2. チコリ1枚の上に、ハム、スライスチーズ、とろけるチーズの順に重ね、180℃のオーブンで8分焼く。

POINT
バナナケーキはお好みでメイプルシロップをかけてもOK。

2 家族と過ごす 子どもが初めてのお手伝い

茄子のミルフィーユ／バナナケーキ／チコリのハムチーズ乗せ

Recipe 3

簡単&パパの株が上がること請け合い…

ママの留守の日に作るパパ飯

料理が不得意なパパでも簡単にできて、食卓は大賑わい。青魚嫌いの子も思わず箸を伸ばすはず。子どもが好きなウインナーやチーズに隠れたブロッコリー、ご飯に隠れたにんじんも、あまりの美味しさで食べられちゃいます。

約 **50** 分

炊飯器のスイッチを押すと同時に、じゃがいもと里芋は皮をむかずに同じ鍋で茹でる(皮むきが簡単!)。ブロッコリーは後で焼くので湯に通すだけでOK。

3品で使う主な食材

肉・魚	青魚　ウインナー
野菜	にんじん　きゅうり　大根　里芋　しめじ　椎茸　舞茸　新じゃがいも　ブロッコリー　浅葱
その他	米　もち米　生クリーム　とろけるチーズ

3 家族と過ごす――ママの留守の日に作るパパ飯

里芋ときのこの混ぜご飯

ご飯はかために炊いて、野菜の汁ごと熱いうちに混ぜましょう。

1. もち米は1時間位ぬるま湯に浸け、米と一緒にかために炊いておく。
2. 椎茸とにんじんは太めの千切りに、舞茸は石づきを取り、ほぐしておく。
3. 里芋は茹でて皮をむき、4等分にする。
4. 鍋に 2、3、A を入れて炒め煮する(水は入れない)。
5. 1 に 4 を入れさっくり混ぜて椀に盛り、浅葱を散らす。

◎ 材料(4人分)

米	2合
もち米	1合
にんじん	3cm
里芋	中4個
しめじ	半パック
椎茸	3枚
舞茸	半パック
浅葱	適量
A 醤油	大さじ2
みりん	大さじ1
だしの素	大さじ1
塩	小さじ1

小さなお子さんがいるご家庭では、もち米の代わりに朝、多めに炊いたご飯でOK

POINT

里芋ときのこの混ぜご飯／新じゃがとブロッコリーのクリーム焼き／青魚のサラダ

15

新じゃがとブロッコリーのクリーム焼き

"一口大"は子どもの口に合わせて切りましょう。

◎ **材料（4人分）**

新じゃがいも	中300g
ブロッコリー	中1房
ウインナー	200g
生クリーム	180㎖
とろけるチーズ	適量
塩胡椒	適量

1 じゃがいもは茹でたら一口大に切る。ブロッコリーは軸を外し一口大に分け、1分茹でる。

2 オーブン皿にじゃがいもを並べ、隙間に茎を上にしてブロッコリーを並べる。その上にウインナーを2cmにカットしたものを乗せる。

3 **2**に塩胡椒をして、生クリームをかけた後、とろけるチーズを好みの量ふりかけ、250℃のオーブンで20分焼く。

青魚のサラダ

青魚のサラダの魚はさんま、あじ、さばなどでも可能です。

◎ **材料（4人分）**

青魚	3尾
（さんま or あじ or さばなど）	
にんじん	中1本
きゅうり	1本
大根	中5㎝
ポン酢	適量

1 魚は三枚におろして4cm位に切る。

2 **1**を塩胡椒して、小麦粉をふり、フライパンでソテーする。（市販の魚のソテーでも可）。

3 野菜を5cm位の千切りにして塩をふり、水洗いして絞っておく。

4 皿に**2**を入れ、**3**の野菜を盛り、ポン酢をかける。

Recipe 4

優しい味で賑やかに…

姑が訪問時の家族飯

「やわらかい・刺激がない・脂っぽくない」はお年寄りの定番。働き盛りのパパも楽しめ、箸休めのささ身の和え物も果物を入れれば子どもも喜んでくれるはず。

 約 **45** 分

クリーム焼きをオーブンに入れたら、ささみ和えの湯を沸かす。和えものの野菜の下準備を済ませたら、レンジ蒸しに。

3品で使う主な食材

肉・魚	豚バラ肉　厚切りハム　鶏ささ身
野菜	かぼちゃ　エリンギ　玉ねぎ　ブロッコリー　茄子　大根　グレープフルーツ　三つ葉
その他	豆腐　上新粉　練り胡麻　生クリーム　とろけるチーズ

かぼちゃのレンジ蒸し／豆腐と野菜のクリーム焼き／鶏ささ身のグレープフルーツ和え

かぼちゃのレンジ蒸し

火を使うことなく完成する一品です。

◎材料（4人分）

かぼちゃ	中½個
豚バラ肉薄切り	200g
上新粉	適量
A ┌ 塩胡椒	小さじ1
└ 酒	大さじ3
B ┌ 醤油	大さじ3
│ 練り胡麻	大さじ3
│ 酒	大さじ3
└ みりん	小さじ1

1 かぼちゃは種を取り、厚さ1cm、幅4cm位に、豚肉は5cmに切る。

2 1にAを混ぜたもので下味をつけ、上新粉をまぶす。

3 大皿に、かぼちゃと豚肉を交互に重ねる。

4 3にラップを緩めにかけ、電子レンジで15分。かぼちゃに串が通ったらBを混ぜたものをかける。

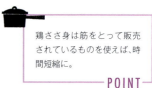

鶏ささ身は筋をとって販売されているものを使えば、時間短縮に。

POINT

豆腐と野菜のクリーム焼き

高カロリーのホワイトクリームを使わなくても、生クリームで美味しく仕上がります。

◎材料(4人分)

豆腐	1丁
エリンギ	3本
玉ねぎ	中1個
ブロッコリー	中1個
茄子	中4本
厚切りハム	200g
A 生クリーム	1カップ
とろけるチーズ	適量
塩胡椒	少々

1 豆腐は縦半分に切ってから8等分にする。

2 茄子は1cmの輪切り、玉ねぎは千切り、ブロッコリーは房を外して一口大、エリンギは大きめの乱切りにする。

3 オーブン皿に、豆腐、玉ねぎ、ブロッコリー、茄子、ハムの順に重ね、塩胡椒をして、生クリームをかける。その上にとろけるチーズをふりかけ、200℃のオーブンで20分焼く。

鶏ささ身のグレープフルーツ和え

ささ身は半生で仕上げるので殺菌効果のあるお酢をお湯に加えましょう。

◎材料(4人分)

鶏ささ身	中6本
グレープフルーツ	½個
三つ葉	適量
大根	約4cm分
酢	大さじ3
ポン酢	適量

1 ささ身は筋を取る。

2 お湯を沸騰させ、お酢を入れた後、ささ身を入れる。表面が白くなったら冷水にあげる。(この時、三つ葉も一緒に1秒位茹でる)。

3 グレープフルーツは皮をむき、2、3個に割っておく。三つ葉は3cmに切る。

4 2のささ身を2、3cmのそぎ切りにして、グレープフルーツと3を和える。

5 小鉢に4を盛って、ポン酢をかける。

4 家族と過ごす―姑が訪問時の家族飯

かぼちゃのレンジ蒸し/豆腐と野菜のクリーム焼き/鶏ささ身のグレープフルーツ和え

Recipe 5

お腹に優しく力のつく…

受験生の夜食に

追い込みに入った受験生。体に優しく温まる栄養たっぷりの料理を作ってあげたいもの。毎日作る夜食のバリエーションの一つに。

 各約 30 分

パングラタンの食パンはアルミホイルで包んでおく。ソパ・デ・アホのバゲットははさみで切ると簡単。

3 品で使う主な食材

肉・魚	鶏もも肉　豚バラ肉
野菜	にんじん　パプリカ　トマト　ブロッコリー　玉ねぎ　マッシュルーム　にんにく　パセリ
その他	食パン　バゲット　うどん　ホワイトソース　牛乳　とろけるチーズ　バター　卵　チリパウダー

ミニサラダと温かい飲み物と一緒に。

POINT

うどんのグラタン

焼きうどんを作るように野菜は何でもOK。軽く炒めれば大丈夫です。

◎ 材料（1人分）

茹でうどん	1玉
玉ねぎ	中1個
にんじん	中½個
マッシュルーム	5、6個
豚バラ肉	100g
ホワイトソース（市販）	½缶
牛乳	½カップ
とろけるチーズ	適量
塩胡椒	少々

1 玉ねぎ、にんじんは粗目の千切り、マッシュルームは石づきを取り薄切り、豚肉は3cm位に切る。

2 フライパンに油を入れ、豚肉、玉ねぎ、にんじん、うどんの順に軽く炒め塩胡椒をする。

3 ホワイトソースを牛乳で伸ばしておく。

4 2に3の半分を絡めてグラタン皿に入れ、残りの3をかけてから、とろけるチーズをふりかけて250℃のオーブンで20分焼く。

パングラタン

パンの中身は冷凍しておけば、ターキーの材料のクルトンに(P71参照)。パンが焦げないようアルミホイルで包みましょう。

◎材料(1人分)
食パン	½斤
ブロッコリー	2片
鶏もも肉	30g
玉ねぎ	¼個
バター	大さじ1
牛乳	½カップ
ホワイトソース(市販)	大さじ2
塩胡椒	少々
とろけるチーズ	適量

1 食パンの縁から1cm位のところを深さ2cm位の四角に切り、底に穴を開けないようにくり抜く。

2 ホワイトソースを牛乳で伸ばす。フライパンにバターを溶かし、玉ねぎ、鶏もも肉を炒める。ブロッコリーを加えてさらに炒め、ホワイトソースを入れて、塩胡椒で味を調える。

3 1に2を入れて、とろけるチーズをちらし、230℃のオーブンで20分焼く。

ソパ・デ・アホ(スペイン風にんにくスープ)

おかわりのリクエストに応えられるように、多めに作ると良いかも!

◎材料(1人分)
にんにく	2片
豚バラ肉	100g
トマト	½個
黄パプリカ	½個
バゲット	大½本
オリーブ油	大さじ3
パセリみじん切り	大さじ2
コンソメキューブ	1個
チリパウダー	小さじ1
塩胡椒	少々

1 鍋で、スライスしたにんにくをオリーブオイルで炒める。

2 1に一口大にカットした豚肉、トマト、パプリカ、バゲットを入れ、少し炒める。

3 2に水500mlを張り、煮立ったらコンソメ、塩胡椒、チリパウダーで味を調える。

4 パセリをちらす。

5 家族と過ごす—受験生の夜食に

Recipe 6

晴れの日には思いっきり肉料理

家族そろってスタミナ満点

スペアリブ

豚ヒレ肉の
ハンガリーソース

6 家族と過ごす — 家族そろってスタミナ満点

肉食家族の晴れの日。合格祝い、入社祝い、昇進祝い etc.。いつもとは一味違う肉料理でお祝いしましょう。もちろん別々の日に作っても喜ばれるでしょう。

POINT やはり肉には赤ワインです。

牛サーロインと新たけのこと菜の花バルサミコソース

⏳ 約 **40** 分

スペアリブは前日からたれに漬けておいても OK。ステーキは最初に焼いてアルミホイルで包んでおく。スペアリブをオーブンに入れてから豚ヒレ肉に取りかかる。

3品で使う主な食材

肉・魚
牛サーロイン肉　スペアリブ用豚肉　豚ヒレ肉

野菜
新たけのこ　菜の花　玉ねぎ
マッシュルーム　ピーマン
生姜　タイム　ローズマリー

その他
ビール　生クリーム　牛乳
マーマレード　白ワイン
赤ワイン　パプリカパウダー

スペアリブ／豚ヒレ肉のハンガリーソース／牛サーロインと新たけのこと菜の花 バルサミコソース

スペアリブ

お子さんが小さい家は、マーマレードを2倍入れると大喜び。

◎ 材料(4人分)

スペアリブ用豚肉………12本
塩胡椒………………………適量
A ┌ マーマレード… 大さじ2
  │ ビール……………… ¼カップ
  │ タイム……………… 小さじ ½
  │ ローズマリー……………少々
  │ おろし生姜………………適量
  └ 醤油………………… 小大さじ1

1 豚肉は塩胡椒し、少しおく。
2 ビニール袋に A と 1 を入れ少し揉み、1、2時間おく。
3 2 を200℃のオーブンで25分間以上焼く。

豚ヒレ肉の ハンガリーソース

誰でも簡単に作れるソースです。

◎ 材料(4人分)

豚ヒレ肉……………………400g
玉ねぎ……………………大1個
マッシュルーム…………10個
ピーマン……………………1個
白ワイン………………… ½カップ
牛乳………………………180㎖
生クリーム………………180㎖
パプリカパウダー… 大さじ1
オリーブオイル……………適量
塩胡椒………………………適量
小麦粉………………… 大さじ2

1 玉ねぎ、ピーマンは細切り、マッシュルームは薄切りにする。
2 肉は3cm位に切って、肉叩きで少し伸ばす。塩胡椒をしてから、フライパンで少し焼き、白ワインを入れてさらに焼き、取り出す。
3 2 の鍋にバター、オリーブオイル、小麦粉を入れてかき混ぜ 1 を入れ炒め、牛乳、生クリームを加える。弱火で煮て、とろみがついたら 2 の肉を戻し、塩胡椒で味を調え4、5分煮る。
4 肉をソースごと皿に盛る。

牛サーロインと新たけのこと菜の花 バルサミコソース

添え物には季節ごとの旬の食材を使用。アレンジ次第で全く違う料理に見えてきます。ソースを皿の縁に添えて、ワンランク上の一皿に。

◎材料（4人分）

牛サーロイン肉	400g
新たけのこ	中1個
菜の花	1束
塩胡椒	少々
赤ワイン	30㎖
バルサミコ酢	20㎖
オリーブオイル	大さじ2
バター	大さじ3

1 新たけのこはぬかを一握り入れて30分以上茹で、そのままおく。菜の花は2分塩茹でしておく。

2 サーロインは塩胡椒をして、両面に焦げ目がつくまで焼き、アルミホイルに包んでおく。

3 たけのこはくし型に切り、菜の花と炒め塩胡椒する。

4 2の鍋で赤ワインを少し煮詰め、バター、オリーブオイル、バルサミコ酢を加えて混ぜる。

5 2を1cm厚さに切り、扇形になるように皿に4、5枚並べ、上部にたけのこ、菜の花を飾り肉に4をかける。

スペアリブはたれに漬けておけば、後は焼くだけ。
ハンガリーソースは鶏肉とも相性抜群ですよ。

POINT

6 家族と過ごす―家族そろってスタミナ満点

スペアリブ／豚ヒレ肉のハンガリーソース／牛サーロインと新たけのこと菜の花 バルサミコソース

料理の基本

だし汁の取り方

根菜の梅干しスープ（冷蔵庫の残り物スープ）〈P.91〉など

材料

水	1800㎖（10カップ）
かつお節	40g
昆布	20g

本書では"時短・簡単"に作るため、だしの素を使用していますが、だし汁を使う際はこちらをご参考に。

作り方

1 大鍋に水を入れ、軽く布でふいた昆布を入れ1、2時間置く。

2 1の蓋をしないで加熱し鍋の周りに気泡が付いたら火を止め昆布を取り出す。

3 2を再び加熱し沸騰したらかつお節を入れ5〜10分置いてざるにガーゼをおいてこす。

友人と過ごす *For Friends*

Recipe 7

昔話に花が咲き...

旧友の集まる日に

秋の雲が現れると商店に栗が並び、母の味が思い出されます。少し手間を加えて定番の筑前煮に変化を加えてみてはいかがでしょう。思い出話に華を添え、旧友に喜んでもらう料理を。

⏳ 約 **45** 分

栗の皮をむいた後、野菜を切り筑前煮を火にかけておく。その間に豆腐・オムレツに取りかかる。

3品で使う主な食材

肉・魚	ハム　鶏もも肉
野菜	じゃがいも　にんじん　玉ねぎ　栗　蓮根 ごぼう　大根　干し椎茸　さやいんげん
その他	豆腐　卵　バター

田舎風オムレツ

卵が良く焼けてから巻き始めるときれいに仕上がります。ハムの代わりに合いびき肉でもOK。

◎ **材料(4人分)**

じゃがいも	中1個
にんじん	3cm
玉ねぎ	¼個
ハム	2枚
(or 合いびき肉20g)	
卵	4個
サラダ油	大さじ1
塩胡椒	少々
A ケチャップ	適量
マヨネーズ	適量
中濃ソース	適量

1 じゃがいもとにんじんは1cm角に切って茹でる。玉ねぎ、ハムはみじん切り。

2 **1**をフライパンで炒め、塩胡椒で味を調える。

3 ボウルに卵を割りほぐし、**2**を入れてよく混ぜる。

4 大きめのフライパンに**3**を横15cm幅に流し入れ、手前からくるくる巻く。

5 **4**をオムレツ皿に移し、**A**を3列に筋をつけるよう流す。

栗と根菜の炒り煮

栗は熱湯に30分浸してから皮むきするとむきやすいです。それ以上浸すと栗が壊れやすくなるので時間厳守で。

◎ 材料(4人分)

栗	300g
蓮根	中1本
ごぼう	1本
大根	中½本
にんじん	大1本
干し椎茸	中8枚
さやいんげん	100g
鶏もも肉	200g
胡麻油	大さじ3
A 醤油	大さじ4
A みりん	大さじ2
A 塩	小さじ1
A だしの素	大さじ2
(2倍濃縮めんつゆ1½カップ可)	

1 栗の皮をむく。根菜類は皮をむき、一口大に乱切り。干し椎茸は水で戻して半分に切る。

2 鶏肉は一口大に切る。さやいんげんは塩茹でする。

3 鶏肉を胡麻油で炒め、1 を入れてさらによく炒める。

4 3にAもしくはめんつゆと水を同量入れ、水分がなくなるまで炒り煮をする。

5 皿に盛り、さやいんげんをちらす。

豆腐ステーキ

外はカリっと、中はやわらかく仕上げるために別のフライパンで味付けをすると失敗が少ないでしょう。

1 豆腐は半分に切り、6等分に切る。

2 豆腐をサラダオイルで両面こんがりと焼く。

3 火の強くないところでバターと醤油、味の素を混ぜ、2 と絡める。

◎ 材料(4人分)

豆腐	1丁
バター	20g
醤油	大さじ3
味の素	少々

田舎風オムレツ／栗と根菜の炒り煮／豆腐ステーキ

Recipe 8

お家で二次会、簡単おつまみ

飲み会後に家飲み

夜も遅く、少し小腹がすいたけど、カロリーは控えたい。そんな時には、手早くできて、見栄えもよく、片付けも簡単な料理を。

 約 **30** 分

アボカドディップを出したら、レタスと生ハムを皿にどんどん盛っていく。レンジに入れたらチキンレモンへ。

3 品で使う主な食材

肉・魚	鶏むね肉　生ハム
野菜	レタス　アボカド　トマト　きゅうり　えのき　白しめじ　エリンギ　レモン　オレガノ
その他	トルティーヤチップス　カバ(スパークリングワイン)

チキンレモン

鶏肉が新鮮なら、レンジでも調理可能です(6分ほど)。

◎ **材料**(4人分)

鶏むね肉	200g
えのき	1パック
白しめじ	1個
エリンギ	1パック
オレガノ	少々
レモン	1個
塩胡椒	少々

1. オーブン皿にきのこ類の石づきを取りほぐしながら並べる。
2. 鶏肉は1cm位の斜め切りにしてボウルに入れ、レモンの半分を絞り入れ、オレガノを入れて塩胡椒で味を調え **1** の上におく。
3. 残りのレモンを輪切りにして **2** の上に万遍なく乗せる。
4. **3** を180℃のオーブンで20分焼き、スプーンで混ぜる。

アボカドディップ

アボカドはやわらかくて色の
きれいなものを使いましょう。

◎材料(4人分)
アボカド	1個
トマト	½個
きゅうり	½本
トルティーヤチップス	1袋
EXバージンオイル	少々
塩胡椒	少々

1. アボカドは潰し、トマト、きゅうりを粗みじん切りにして全て混ぜる。
2. 1をエキストラバージンオイルと塩胡椒で味を調え、トルティーヤチップスを添える。

レタスと生ハムのレンジ蒸し

レタスのシャキシャキ感を楽
しみたい時は、レンジで2分で
出来上がり。

◎材料(4人分)
レタス	1個
生ハム	10枚
カバ(スパークリングワイン)	30ml
塩胡椒	少々

1. 芯を取ったレタスを、食べやすい大きさにちぎり広めの皿に並べ、生ハムを重ねる。これをレタスが無くなるまで繰り返す。
2. 1にカバをふりかけ、塩胡椒して電子レンジに4分かける。

POINT
飲みなおしが毎度のことなら、出かける前に鶏とレモンは切っておくと、手早く作れます。

8 友人と過ごす――飲み会後に家飲み

チキンレモン／アボカドディップ／レタスと生ハムのレンジ蒸し

Recipe 9

アッと言わせて、簡単レシピ…

ポットラック（持ち寄り）パーティー

「美味しそう！ 早く食べたい」と思ってもらえる料理を持参したい。持ち運びに便利で、見た目よりも味付けが簡単！ 何より嬉しいのは安価で手軽に作れるところ。白ワインで乾杯した後は、赤で楽しんで。

⌛ 約30分

ファルシーの材料を刻んだら、ブロッコリーを茹でソーセージ・ベーコンを炒め、ザワークラウトをかけて味付けする。

3品で使う主な食材

肉・魚	ベーコン(塊)　ソーセージ　ハム　アンチョビフィレ
野菜	ブロッコリー　キャベツ　玉ねぎ　ローリエ　バジル　にんにく　椎茸　マッシュルーム　キャラウェイシード　クローブ
その他	とろけるチーズ　スモークチーズ

ザワークラウトと
ソーセージベーコン炒め

ザワークラウトは発酵させるため、数日置くのがポイントです。

◎ 材料(4人分)

〈ザワークラウト〉
- キャベツ……………… 1玉
- ローリエ……………… 2枚
- キャラウェイシード… 大さじ1
- クローブ……………… 3粒
- ベーコン(塊)………… 200g
- ソーセージ…………… 太目4本
- 塩胡椒………………… 適量
- 醤油…………………… 少々
- コンソメキューブ…… 1個

1. キャベツは千切りにして、2%の塩でよく揉む。
2. 深めの密閉容器に **1** とローリエ、キャラウェイシード、クローブ、塩を入れよく混ぜ、重石をして2、3日冷蔵庫で冷やす。
3. ベーコン、ソーセージは4cm位にカットして、フライパンで焼く。
4. 深鍋に **2** と **3** を入れ、コンソメと、隠し味に醤油を入れ、味を見ながら5分煮る。

ザワークラウトを大量に作っておけばとっさの時に簡単に料理ができます。市販のものでもOK。どんなワインとも相性が良い料理です。

POINT

9 友人と過ごす──ポットラックパーティー

ザワークラウトとソーセージベーコン炒め／アンチョビブロッコリー／きのこのファルシー

アンチョビブロッコリー

冷めても美味しく、簡単にできるので、もう一品という時のお助けメニューですよ。

◎材料(4人分)

ブロッコリー	大1個
アンチョビフィレ	6本
にんにく	2片
鷹の爪	1本
だしの素	大さじ1
オリーブオイル	大さじ2

1 ブロッコリーは固茹でしておく。にんにくはみじん切りにする。

2 フライパンにオリーブオイルを入れ、にんにくと鷹の爪を炒める。

3 2にブロッコリーとアンチョビを入れ、少しあおりながら炒めたら、だしの素を加えて少し炒める。

きのこのファルシー

見た目はシンプルですが、取り分け易く美味です。とろけるチーズを乗せやすいように団子は平たく。

◎材料(4人分)

椎茸	大2枚
マッシュルーム	大4個
とろけるチーズ	適量
オリーブオイル	大さじ2
A ┌ ハム	4枚
├ スモークチーズ	50g
├ 玉ねぎ	中½個
└ バジル	適量

1 きのこは軸を取り、軸の石づきをみじん切りにしておく。

2 Aをみじん切りにし1の軸と混ぜ塩胡椒をして、オリーブオイルを混ぜる。

3 2を団子状にして、きのこの裏に乗せ、とろけるチーズをかけ、230℃のオーブンで15分焼く。

Recipe 10
子ども連れのママ友会

子どもが喜ぶ顔が見たくて…

ママ友同士、心置きなく話ができるよう子どもが喜ぶ料理を用意しましょう。何杯でもおかわりできるようにフルーツヨーグルトは大量に作っておいて。

約 40 分

オムレツのじゃがいもを茹で、カポナータの野菜をカット。デザートはお客様が集まりだしてからでも大丈夫です。

POINT
子どもはミルクやジュース。
大人は軽くワインで乾杯！

3品で使う主な食材

肉・魚	ハム
野菜	じゃがいも（メークイン）　玉ねぎ　茄子　ズッキーニ　セロリ　パプリカ　トマト　ローリエ　にんにく　苺　桃缶　みかん缶　パイン缶
その他	卵　温泉卵　鷹の爪　白ワイン　ヨーグルト

スペインオムレツ／カポナータ／フルーツのヨーグルト和え

スペインオムレツ

新しいテフロン加工か使い慣れたフライパンで焼くと上手に焼けるはずです。

◎ **材料**（20cmの丸型フライパン）

じゃがいも	中4個
（メークイン）	
玉ねぎ	大1個
卵	大5個
ハム	50g
オリーブオイル	大さじ3
塩胡椒	小さじ2

大人は、からしマヨネーズ or にんにくマヨネーズを添えて。

POINT

1. じゃがいもは茹でた後に皮をむき、2cmの角切りにする。玉ねぎは1.5cmの角切り、ハムは2cmに薄切りにする。
2. ボウルに卵を割りほぐし、塩胡椒小さじ1をしておく。
3. フライパンでオリーブオイルを熱し、玉ねぎ、ハム、じゃがいもを炒め、塩胡椒小さじ1で味を調え **2** に入れ、よく混ぜる。
4. 20cmのフライパンでオリーブオイルを熱し、**3** を流し入れ、全体を混ぜながら焼き付ける。
5. フライパンの縁に薄く焦げ目がついたら、平たい大皿をかぶせ、ひっくり返す。
6. フライパンにオリーブオイルを足し、大皿の下になっている方を滑らせながら入れ10分弱火で焼く。
7. 真ん中に串を刺し、何も付かなければ出来上がり。8等分に切り分ける。

カポナータ

しっかり炒めることで味がぐんと良くなります。

◎ 材料（4人分）

茄子	中4個
ズッキーニ	1本
セロリ	3本
パプリカ(赤／黄)	各1個
トマト	大2個
玉ねぎ	大1個
にんにく	2片
温泉卵	人数分
白ワイン	1カップ
コンソメキューブ	2個
ローリエ	2枚
塩胡椒	少々
鷹の爪	1本
オリーブオイル	大さじ3

1 にんにくは潰して、玉ねぎは粗目にスライスをしておく。
2 野菜は全て一口大の斜め切りにする。
3 鍋でオリーブオイルを熱し、にんにく、玉ねぎの順に炒め、鷹の爪、ローリエを加え、2の野菜を入れてよく炒める。
4 3に白ワイン、コンソメ、塩胡椒を入れて、中火で15分炒める。
5 各々の皿に盛ったら、真ん中に温泉卵を落とす。

フルーツのヨーグルト和え

フルーツはどんな物でも代用可能。お子さんの好物を入れて下さい。

◎ 材料（4人分）

ヨーグルト	2個
桃缶	1個
みかん缶	1個
パイン缶	1個
苺	1パック

1 大きなガラス鉢に、ヨーグルト、缶詰を汁ごと入れ、ヘタを取った苺などを加えて混ぜる。

Recipe 11

材料だけそろえて…二枚分ずつ

皆でワイワイ作る料理

トンペイ焼き

ソバ入りお好み焼き

ヘルシーで美味しい我が故郷・広島のお好み焼き。
ひっくり返すのを失敗しても皆でワイワイやれば
Don't mind.

11 友人と過ごす — 皆でワイワイ作る料理

ネギ焼き

お好み焼きに合うワインその名も「お好み焼」（P.100）をご一緒に。

— POINT —

約 **30** 分

トンペイ焼き、ネギ焼き用のお好み焼き粉をゆるめに、お好み焼き用の粉を耳たぶよりやわらかく溶く。それぞれの野菜を切ったら、食べたいものから焼き始めましょう。

3品で使う主な食材

<u>肉・魚</u>
豚バラ肉
<u>野菜</u>
キャベツ　九条ネギ　もやし
<u>その他</u>
卵　お好み焼き粉　魚粉
天かす　茹でそば
いか天ソフト

トンペイ焼き／ネギ焼き／ソバ入りお好み焼き　　39

トンペイ焼き

肉もクレープもしっかり焼けるまでひっくり返さないように。

◎ 材料（4人分）
- 豚バラ肉・・・・・・・・・200g
- 卵・・・・・・・・・2個
- お好み焼き粉・・・・・・・・・適量
- 魚粉・・・・・・・・・適量
- 天かす・・・・・・・・・適量
- お好み焼きソース・・・・・・・・・適量

1 よく溶いたお好み焼き粉で20cm位の楕円形クレープを作る。

2 1の上に魚粉をふりかけ、豚肉を敷き詰め、天かすをちらす。1のお好み焼き粉を回しかけ、よく焼けたらひっくり返す。

3 豚肉に焦げ目がついたら、卵を楕円状に薄く伸ばし焼き2を乗せ、もう一度ひっくり返す。お好み焼きソースをかけ、6等分に切り、からしマヨネーズを2筋かける。

ネギ焼き

とにかくしっかり焼けるまで待ってからひっくり返すのが成功のコツ。

◎ 材料（4人分）
- 九条ネギ・・・・・・・・・1束
- お好み焼き粉・・・・・・・・・適量
- 魚粉・・・・・・・・・適量
- 天かす・・・・・・・・・適量
- 醤油・・・・・・・・・適量
- 豚バラ肉・・・・・・・・・100g

1 九条ネギは1cm位の小口切りにする。

2 よく溶いたお好み焼き粉で直径20cm位の丸型クレープをつくる。

3 2の上に魚粉をふりかけ1をたっぷり乗せ、天かすをちらし、豚バラを敷く。2のお好み焼き粉を回しかけ、よく焼けたらひっくり返す。

4 豚肉に焦げ目がついたら、卵を薄く丸く伸ばし焼き3を乗せ、もう一度ひっくり返す。醤油を少しずつ回しかける。

ソバ入りお好み焼き

クレープが焼けてから野菜をおいていきましょう。クレープの縁が浮いてきたら返すタイミング。

◎ 材料(4人分)

キャベツ	1玉
もやし	1袋
いか天ソフト	適量
天かす	適量
豚バラ肉	200g
茹でそば	4玉
お好み焼き粉	適量
魚粉(鰹節でも可)	適量
お好み焼きソース	適量
サラダ油	適量
青海苔	少々

1 お好み焼き粉を、耳たぶよりやわらかく水で溶く。
2 キャベツは千切りにする。
3 鉄板に、1を流し入れ直径20cm位の丸形クレープをつくる。
4 3の上に魚粉をふりかけ、キャベツ、もやし、天かす、いか天ソフト、豚バラ肉の順に重ね、3回り位お好み焼き粉を回しかける。そばを茹でる。
5 4をひっくり返し、10分くらい焼き、豚肉に焦げ目がついたら、もう一度ひっくり返し、このタイミングでそばを丸く平らにおく。
6 そばにサラダ油を回しかけ、上に4を重ね、丸く薄く伸ばし焼いた卵の上に重ねる。ひっくり返してお好み焼きソースをかけ、青海苔をちらす。

11 友人と過ごす―皆でワイワイ作る料理

トンペイ焼き／ネギ焼き／ソバ入りお好み焼き

料理の基本

材料の切り方

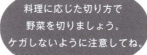

料理に応じた切り方で野菜を切りましょう。ケガしないように注意してね。

半月切り

乱切り

さいの目切り

とさか切り

短冊切り

拍子木切り

霰切り

飾り切り

色紙切り

みじん切り

ななめ切り

輪切り

千切り

いちょう切り　　細切り

ささがき

来客を迎える For Guest

Recipe 12

急いで急いで3品15分で…

夫が部下を連れて急にご帰還

牛肉のトマト炒め

蓮根の
ポン酢炒り煮

12 来客を迎える―夫が部下を連れて急にご帰還

「うちで飲みなおすか！」の流れで我が家に集まった酔っ払い達。妻としては何か一ひねりササッとできて見栄えのよい"あて"を用意したいところ。飲んだ後の〆は汁もの。そばorうどんでお開きを促しましょう。

鶏汁のつけそば

> とっておきの
> 焼酎・ワインで乾杯。
> ── POINT ──

⌛ 約 **15** 分

お酒を準備したら、蓮根の皮をむきカットして水に浸ける。手軽にできる炒め物2品を作ると同時にそばを茹でるお湯を鍋にかけましょう。

3品で使う主な食材

<u>肉・魚</u>
　鶏もも肉　牛小間切れ肉
<u>野菜</u>
　蓮根　しめじ　椎茸　長ネギ
　トマト　玉ねぎ
<u>その他</u>
　そば　いり胡麻

蓮根のポン酢炒り煮／牛肉のトマト炒め／鶏汁のつけそば

蓮根のポン酢炒り煮

蓮根を使った料理の時は、蓋をしないようにしましょう。蓋をするとシャキシャキ感がなくなります。

◎材料（4人分）
- 蓮根……………中15cm位
- オリーブオイル……大さじ2
- ポン酢……………大さじ2
- いり胡麻……………少々

1 蓮根は皮をむき、一口大に切り、水に2、3分さらし、水分を拭き取る。
2 フライパンに1の蓮根を入れ、オリーブオイルであおるように軽く炒める。
3 2にポン酢を入れ、水分がなくなるまで炒め、いり胡麻をふる。

牛肉のトマト炒め

肉と玉ねぎに火が通ったら、トマトと調味料を同時に投入。あとは混ぜるだけで完成です。

1 玉ねぎは半分に切り、粗目にスライス、トマトは6等分の串切り。
2 フライパンにサラダ油を入れ、牛小間肉と玉ねぎを炒め、トマトを入れて軽く炒め、醤油、味の素を絡める。

◎材料（4人分）
- 牛小間切れ肉……………200g
- トマト…………………中2個
- 玉ねぎ…………………中½個
- サラダ油………………大さじ1
- 醤油……………………大さじ2
- 味の素…………………少々

鶏汁のつけそば

麺を茹でる間に、市販のめんつゆで手際良くつけ汁を完成させましょう。鶏のだしで1ランク上の味わいに。

1. 麺は指示通りに茹でる。長ネギは白いところを4cm位の千切り。
2. 鶏肉は1cm角に切り、しめじは石づきを取り、ばらしておく。椎茸は薄切り。
3. 鍋に鶏肉、しめじ、椎茸、長ネギ、めんつゆ、水を入れ一煮立ちさせる。

◎材料（4人分）
- そば……………………300g
- 鶏もも肉………………200g
- しめじ…………………1パック
- 椎茸……………………3枚
- 2倍濃縮めんつゆ……2カップ
- 水………………………2カップ
- 長ネギ…………………8cm

POINT
鶏以外にも、鴨や豚肉でも美味しいですよ。

12 来客を迎える——夫が部下を連れて急にご帰還

蓮根のポン酢炒り煮／牛肉のトマト炒め／鶏汁のつけそば

Recipe 13

とにかくボリュームを…

腹っぺらしの級友を連れて

男の子はとにかくよく食べるので、食材が安価な時に大量購入して冷凍保存に。それを使って豪華な一品を。ピザ生地を用意してあげたら、具材は彼らに乗せてもらって。

⏳ 約 **30** 分

ピザの生地を混ぜ、コルドンブルーのキャベツを刻む。にんにくスープの野菜を刻み火に掛けたら、その間にコルドンブルーの下準備を。フライパンで焼き始めたらピザ作りへ。

3品で使う主な食材

肉・魚	豚ロース薄切り　鶏もも肉　ロースハム
野菜	じゃがいも　キャベツ　玉ねぎ にんじん　いんげん　大葉　にんにく
その他	バゲット　卵　とろけるチーズ 小麦粉　薄力粉　パン粉　ベーキングパウダー ヨーグルト　牛乳　パプリカパウダー

来客を迎える――腹っぺらしの級友を連れて

具だくさんのにんにくスープ

大鍋に叩き潰したにんにくと野菜を入れて、放っておけば完成です。

◎ **材料（4人分）**

鶏もも肉	300g
じゃがいも	中3個
キャベツ	大½玉
玉ねぎ	1個
にんじん	1個
いんげん	100g
バゲット	大1本
にんにく	大3個
オリーブオイル	大さじ3
コンソメキューブ	2個
パプリカパウダー	小さじ2
塩	小さじ2

1 鶏肉は一口大、じゃがいもは4等分、キャベツは5cm位のざく切りに。にんじん、玉ねぎは薄切り、いんげんは半分に折る。にんにくは叩き潰しておく。

2 大鍋で潰しにんにくと鶏もも肉を炒める。

3 鍋8分目まで水を張り、じゃがいも、にんじん、いんげんとコンソメを入れて煮る。

4 3が沸騰したら、パプリカパウダーと塩を入れ味を調える。そこにキャベツ、バゲットを一口大にカットしたものを入れ、沸騰させる。

にんにくスープはバゲットと水で人数調整して下さい。

POINT

具だくさんのにんにくスープ／簡単コルドンブルー／生地から作る簡単ピザ

簡単コルドンブルー

高校・大学生なら、肉を追加しましょう。

◎ **材料**(4人分)

豚ロース薄切り	4枚×4
ロースハム	4枚
とろけるチーズ	4枚
大葉	4枚
サラダ油	適量
小麦粉	適量
溶き卵	2個
パン粉	適量
キャベツ	1玉

1. 豚肉を2枚重ねて広げ、ハム、チーズ、大葉を順に重ね、上にもう一度豚肉を2枚重ねる。
2. 1を小麦粉、卵の順にくぐらせ、パン粉をまぶして少ない油で揚げ焼きする。
3. キャベツの千切りを添える。(あればトマトやブロッコリーを添えて)

生地から作る簡単ピザ

冷蔵庫の余りものを乗せて。トマトと生ハムのピザは生地だけ焼けばOK。

◎ **材料**(4人分)

薄力粉	150g
ベーキングパウダー	小さじ2
塩	小さじ1/3
ヨーグルト	50g
牛乳	100mℓ
オリーブオイル	小さじ1

POINT

乗せるものは冷蔵庫の余りもので…
例)
- A　シラス　にんにく　きのこ
- B　明太子　マヨネーズ　じゃがいも
- C　トマト　生ハム(あとのせ)
- D　ハム　ピーマン　とろけるチーズ

1. 材料を全て混ぜる。天板に丸く伸ばし、余熱200℃で7分、生地を入れて7分焼く。
2. 裏返して好みの具材を乗せて8分焼く。

Recipe 14

婚殿が喜ぶボリューミーな3品…

娘が婚約者を紹介する夜

嬉しい日には綺麗な色目の料理を。若い婚殿にボリューム感のある豚の厚切り肉をサーブ。ごぼうのキッシュは初めてのはず。無口な人でもきっと口を開いてくれるでしょう。

⌛ 約 **60**分

シーフードマリネは前日から、ボイル豚は塩胡椒をして半日寝かせておく。ごぼうをささがきに刻み、ボイル豚を茹で始めたら、野菜を刻みキッシュに取りかかる。

3品で使う主な食材

肉・魚	豚ロース肉（塊）　ボイルたこ　するめいか　むき海老　ムール貝　ベーコン
米・野菜	トマト　ミニトマト　エシャレット　セルフィーユ　玉ねぎ　にんじん　セロリ　にんにく　ごぼう　パプリカ
その他	木綿豆腐　卵　とろけるチーズ　冷凍パイ生地　白ワイン

ボイル豚／シーフードマリネ／ごぼうのキッシュ

ボイル豚

豚肉はフォークで穴を開けることで縮むのを防ぎやわらかくなります。

◎ **材料**(4人分)

豚ロース肉(塊)	500g
オリーブオイル	適量
塩胡椒	適量
にんにく	大1個
ミニトマト	15粒
エシャレット	5本
セルフィーユ	3本
A EXバージンオイル	大さじ2
塩胡椒	小さじ1½
B 砂糖	小さじ1½
玉ねぎ	中½個
にんじん	中½本
セロリ	1本
コンソメキューブ	2個

1 豚肉にフォークで穴を開け塩胡椒をしたら、ラップをして半日冷蔵庫で寝かせる。

2 1の豚を洗い、水気を取る。

3 鍋に豚がかぶるくらいの水を張り、叩き潰したにんにくと **B** を全て入れて、温度を60℃に保ち、とろ火で30分煮てそのままおく。

4 ミニトマトは半分にカット、エシャレット、セルフィーユはみじん切り、**A**を混ぜたものと和える。

5 3の豚を1.5cm位にスライスして皿に並べ **4** をかける。

お酒好きな彼ならカバ(スパークリングワイン)で乾杯。白ワインにもよく合います。お酒を飲まない彼ならば、パンなどを用意するといいでしょう。

― POINT ―

シーフードマリネ

シーフードは二度茹でするとプリっと仕上がりますよ(一度目は1分、二度目は2分位)。

◎材料(4人分)
- ボイルたこ ………… 80g
- するめいか ………… 1杯
- むき海老 …………… 80g
- ムール貝 …………… 8個
- パプリカ(赤/黄/緑)… 各½個
- 玉ねぎ ……………… ½個
- トマト ……………… 1個
- 白ワイン …………… 適量
- A
  - 白ワインビネガー … 270ml
  - アップルビネガー … 150ml
  - グレープシードオイル… 120ml
  - EXバージンオイル… 250ml
  - 塩 …………………… 12g
  - 白胡椒 ……………… 4g

1. 野菜は全て1cm角にカット、たこは一口大、するめいかは皮をむいて輪切り、海老は皮をむき背ワタを取る。
2. ボウルに**A**を全て入れ、乳化するまでよく混ぜる。
3. 鍋に水と白ワインを入れ火にかけ、いか、海老、ムール貝をボイルし、冷水で冷ます。
4. 水気をしっかり切った魚介類、野菜を2に入れしっかり混ぜ合わせ、一晩マリネする。

ごぼうのキッシュ

大量のごぼうは、ピューラーを使用すると下準備が楽ですよ。

◎材料
(24cm×20cmのオーブン皿)
- ごぼう ……………… 中3本
- ベーコン …………… 5枚
- 木綿豆腐 …………… 2丁
- 卵 …………………… 大2個
- とろけるチーズ …… 適量
- 冷凍パイ生地 ……… 1枚
- オリーブオイル …… 適量
- 塩胡椒 ……………… 少々

1. ごぼうは3cm位の細切り(ささがきでもOK)、ベーコンは2cmに切る。
2. 大きめのフライパンにオリーブオイルを引き、1を軽く炒める。
3. 2に手でちぎって練り状にした豆腐、とろけるチーズ30gと溶いた卵を入れ、塩胡椒で味を調える(炒めすぎない)。
4. 耐熱容器にパイ生地をまんべんなく伸ばし3を入れ、とろけるチーズをかけ、250℃のオーブンで25分焼く。

ボイル豚／シーフードマリネ／ごぼうのキッシュ

来客を迎える──娘が婚約者を紹介する夜

Recipe 15

女性が喜ぶ目に優しい…

息子が婚約者を紹介する夜

上気して胸がいっぱいの彼女も、見た目にかわいく細くて冷たい麺は食べられるかな？ マーマレードで優しく味付けしたお肉と、鮮やかな魚料理で、心を解きほぐしてあげましょう。

約 **40** 分

マッシュポテトのじゃがいもを茹でる。ピピラーナの野菜を切り、きのこを切って肉を焼く。パスタの湯を沸かし始め、パスタにとりかかる。

3品で使う主な食材

肉・魚	青魚　豚ヒレ肉　ツナ缶
野菜	トマト　玉ねぎ　きゅうり　パプリカ　椎茸　しめじ　舞茸　エリンギ　じゃがいも　バジル　オレガノ　桃
その他	パスタ(カッペリーニ0.9㎜)　牛乳　マーマレード

桃とトマトの冷製パスタ

トマトを横半分に切ると種が簡単に取れますよ。

◎ 材料（4人分）

パスタ	300g
（カッペリーニ 0.9mm）	
桃	大1個
トマト	大1個
バジル	適量
A ┌ EXバージンオイル	100ml
├ 塩胡椒	適量
└ 味の素	適量

1 トマトは湯むきして種を取り、1cm角に切る。
2 桃は皮をむき、1cm角に切る。
3 ボウルにAを混ぜ入れ、1、2を入れて乳化するまでよく混ぜる。
4 パスタを表示より1分多く茹で、氷と冷水で締め水を切る。
5 3にパスタを入れ、良く混ぜてバジルをちらす。

ピピラーナ
（スペイン風サラダ）

青魚が苦手な人は、白身魚、ホタテなどで代用可能です。

◎ 材料（4人分）

さば or さんま or あじ	300g
トマト	大½個
玉ねぎ	中1個
きゅうり	1本
パプリカ（黄）	½個
白ワインビネガー	大さじ3
EXバージンオイル	大さじ3
オレガノ	小さじ1
ツナ缶	1個
塩胡椒	少々

1 魚は3枚におろし、塩胡椒してソテーしておく（市販のソテーしたものでもOK）。
2 野菜は1cmの角切りにする。
3 白ワインビネガー、オリーブオイル、塩胡椒を乳化するまで混ぜ、オレガノ、ツナ缶を加える。
4 2に3を加えて、よく混ぜる。
5 魚の上に4を盛りつける。

15 来客を迎える—息子が婚約者を紹介する夜

桃とトマトの冷製パスタ／ピピラーナ（スペイン風サラダ）／豚ヒレ肉ときのこのマーマレード焼き マッシュポテト添え

豚ヒレ肉ときのこのマーマレード焼き マッシュポテト添え

低カロリーのきのこをたっぷり使ってヘルシーな一品に。

◎ **材料**(4人分)

豚ヒレ肉	400g
椎茸	大3枚
しめじ	1パック
舞茸	1パック
エリンギ	1パック
じゃがいも	大3個
オリーブオイル	適量
コンソメキューブ	1個
マーマレード	大さじ3
塩胡椒	適量
牛乳	50mℓ

1 豚肉は2cm位の厚さに切って塩胡椒し、片面を焦げ目が付くまで焼き、皿にとっておく。

2 じゃがいもは茹でて潰し、牛乳、塩胡椒で味を調える(マッシュポテト)。

3 椎茸は厚めのスライス、舞茸、しめじは石づきを取りさく。エリンギは縦半分に切り斜め切りにする。

4 **3**をオリーブオイルで炒め、コンソメ、塩胡椒、マーマレードで味付け、**1**の豚肉の焼けていない方を下にして入れ、少し焼く。

5 豚を取り出し皿に並べ、上にきのこを盛り付けて**2**のマッシュポテトを添える。

Recipe 16

作る過程が楽しめる珍しいもの

外国人にふるまう料理

すし・天ぷら・そばの家庭バージョン三品でおもてなしをすれば Wonderful の連発。もちろんどれか一品でも十分満足できるボリュームです。

⌛ 約 **50** 分

ご飯を炊く間に串揚げの下ごしらえをする。鯛を煮始めたらそうめんを茹でる。酢飯ができたら手巻き寿司の具材と揚げ油をテーブルに準備。鯛が煮上がったら、そうめんの上に汁ごと乗せる。

3 品で使う主な食材

肉・魚	刺身　鯛　海老　牛肉
野菜	浅葱　アスパラガス　生姜　椎茸　蓮根
その他	米　そうめん　卵　海苔　薄力粉　パン粉　マスタード

手巻き寿司／鯛そうめん／串揚げ

手巻き寿司

海老につまようじを刺して茹でることで巻きやすい真っ直ぐな海老に仕上がります。

◎ 材料（4人分）

米	3合
寿司酢	大さじ6
好みの刺身	1パック
海老	4尾
卵	3個
わさび	適量
醤油	適量
海苔	20枚

1. 米はかために炊いておく。海苔は1枚を半分に切っておく。
2. 厚焼き玉子を焼く。海老は爪楊枝を刺し皮を付けたまま茹でる。
3. 寿司桶にご飯を入れて、温かいうちに寿司酢を万遍なく、ご飯を切りながら混ぜておく。
4. 大皿に刺身を並べ、厚焼き卵は1cmくらいの棒切り、海老は皮をむいて飾る。
5. ワサビと海苔を添える。

鯛そうめん

鯛の姿煮がインパクトを与えるので、型崩れしないよう大きな鍋やフライパンを使用しましょう。

◎ 材料（4人分）

鯛	1尾
	（20cm位のもの）
そうめん	400g
醤油	½カップ
みりん	½カップ
だしの素	大さじ2
（2倍濃縮めんつゆ可）	
生姜	5cm
浅葱	3本分

1. 鯛は鱗を取り、はらわたを取っておく。
2. 形が崩れないように広めの鍋に、醤油、みりん、だしの素、水3カップを沸騰させ、鯛と生姜の千切りを入れて煮る。
3. そうめんは硬めに茹で、よく水にさらし、水切りしたら大皿に盛る。
4. 3の上に2をつゆごと盛り、白髪ネギを飾る。

串揚げ

下ごしらえを済ませたら、卓上で楽しみながら揚げましょう。

◎材料(4人分)

アスパラガス	4本
椎茸	4枚
海老	4尾
蓮根	10cm
牛肉など	200g
サラダオイル	1800ml
パン粉	適量
卵	1個
薄力粉	適量
マスタード	適量
A ┌ ウスターソース	50ml
├ 中濃ソース	50ml
└ ケチャップ	大さじ2

1 アスパラガスは下3cm位皮を削いでおく。
2 椎茸は石づきを取り半分に切る。蓮根は皮をむき、2cmくらいの棒切り。牛肉は2cm位の棒切り、海老は皮をむき、串をする。
3 2に薄力粉を軽くまぶし、卵をくぐらせパン粉を上から軽く押しながらまぶしておく。
4 天ぷら鍋にサラダオイルを張り、3をきつね色になるまで揚げる。
5 別皿にAを混ぜたものと、マスタードを添えて供す。

POINT
テーブルで手巻き寿司や串揚げをして外国人に喜んでもらいましょう。鯛そうめんは鯛の骨に注意して取り分けて。

16 来客を迎える——外国人にふるまう料理

手巻き寿司／串揚げ／鯛そうめん

Recipe 17

慌てなくても大丈夫…

とっさのお客様に

温野菜サラダ
（ヤンニョムジャンソースかけ）

鶏手羽と新じゃがの酢煮

17 来客を迎える —— とっさのお客様に

思いがけない急な来客。冷蔵庫にあるもので手早く美味しい料理でもてなしたいところ。見た目で楽しんでもらえる料理なら、会話もきっと弾みますよ。

ヤンニョムジャンソースは何にでも合って保存ができるので大量に作り置きしておくと便利です。
— POINT —

約 **40** 分

ヤンニョムジャンソースを作ったら酢煮のじゃがいもと温野菜サラダの野菜を茹でる。酢煮のじゃがいもの皮をむいて煮始めたら、大皿に温野菜を盛り付け、深皿に茶碗蒸しの材料を入れる。胡麻油を温め始める時は目を離さないように。

3品で使う主な食材

肉・魚
カニ缶　鶏手羽中

野菜
じゃがいも　にんじん　アボカド
ミニトマト　ブロッコリー
にんにく　長ネギ　生姜

その他
豆腐　白滝　卵　苺ジャム
コリアンダー　片栗粉　ラー油
すり胡麻　練り胡麻

カニ缶の茶碗蒸しコリアンダー乗せ／温野菜サラダ（ヤンニョムジャンソースかけ）／鶏手羽と新じゃがの酢煮

カニ缶の茶碗蒸しコリアンダー乗せ

コリアンダーに熱い胡麻油をかけることで香りが気になりません。

◎材料（4人分）

A
- カニ缶（安価なほぐしたもの） …… 50g
- 生姜 …… 20g
- 長ネギ …… ½本
- 豆腐 …… 1丁
- 卵 …… 2個

B
- 2倍濃縮めんつゆ …… 50㎖
- 片栗粉 …… 大さじ2
- コリアンダー …… 2束
- 胡麻油 …… 大さじ3

1 口の広い深皿に、生姜、長ネギみじん切り、豆腐、卵、カニ缶を入れ、手でよく混ぜる。

2 1にラップをふわりとかけ、レンジで4分加熱。スプーンで全体を混ぜ、再び4分レンジにかける。

3 鍋に50mlの水とめんつゆを入れ、沸騰したら同量の水溶き片栗粉でとろみをつける。

4 2の上に3を万遍なくかけ、コリアンダーの葉を盛りつけておく。

5 フライパンに胡麻油を入れ、煙が出るまで温め、4のコリアンダーの上にジュッと音が出るようにかける。

6 レンゲを添えた小皿を用意する。

温野菜サラダ
（ヤンニョムジャンソースかけ）

辛いのが苦手な人は、ラー油を加減して作りましょう。蒸し鶏を添えても合いますよ。

◎材料（4人分）

じゃがいも		中3個
にんじん		½本
アボカド		½個
ブロッコリー		¼房
ミニトマト		4個
A	長ネギ	1本
	にんにく	2片
	生姜	5cm位
B	醤油	300㎖
	苺ジャム	100g
	胡麻油	大さじ5
	ラー油	大さじ5
	すり胡麻	10g
	練り胡麻	½カップ

1 ヤンニョムジャンソースを作る。Aは全てみじん切りにして炒める、AにBを混ぜる。
2 じゃがいも、ブロッコリー、にんじんは茹でて一口大に、アボカドは1cmの半月切りにする。
3 2を平皿に飾り、別の深皿に1を入れてスプーンを添える。

鶏手羽と新じゃがの酢煮

手羽はお店で手羽先を切り分けてもらえます。

◎材料（4人分）

新じゃがいも		小丸400g
鶏手羽中		8本
白滝小結		8個
卵		4個
にんにく		2片
鷹の爪		2本
A	醤油	100㎖
	みりん	大さじ3
	酢	大100㎖
	だしの素	大さじ2
	（ポン酢でも可）	

1 新じゃがいもは茹でて皮をむく。卵は常温にして、水から6分茹でておく（半熟卵）。鶏手羽は手羽先を切り落とし、にんにくは潰しておく。
2 鍋に1のじゃがいもと鶏手羽と白滝を入れ、水を材料がかぶるくらい入れて、Aを入れて煮る。
3 深皿に2と半熟卵の皮をむいたものを盛り付ける。

カニ缶の茶碗蒸しコリアンダー乗せ／温野菜サラダ（ヤンニョムジャンソースかけ）／鶏手羽と新じゃがの酢煮

Recipe 18

子どもの誕生会に

子どもの好きなものばかり

子どもが好きな卵、じゃがいも、果物。自分の誕生会なら嬉々としてお手伝いするはず。親子で楽しみながら一緒に作れるお料理でお友達をおもてなし。

⏳ 約 **60** 分

じゃがいもを茹で、林檎を切ったらスフレの野菜を切る。卵の白身をかき混ぜ野菜を加えたらスフレ皿に入れオーブンへ。その後林檎のクリーム焼きへ。

3品で使う主な食材

肉・魚	海老　生ハム
野菜	新じゃがいも　アスパラガス　コーン　林檎　桃缶　パイン缶　みかん缶　フルーツ
その他	生クリーム　とろけるチーズ　ナチュラルチーズ　ホワイトソース　卵　サイダー　牛乳

新じゃがと林檎のクリーム焼き

じゃがいもは言わずもがな、生クリームは意外と林檎とも合うんですよ。

◎ 材料（4人分）

新じゃがいも	中8個
林檎	2個
生クリーム	180ml
塩胡椒	少々
生ハム	8枚
とろけるチーズ	適量

1 新じゃがいもは茹でて1.5cm位の斜め切りにする。

2 林檎は皮をむき、縦6等分に櫛型切り、1.5cm位の斜め切りにする。生ハムは4等分にカットする。

3 20cm位のオーブン皿に、新じゃがいもを並べ、塩胡椒をふり、上に林檎と生ハムと重ねる。これを2回繰り返す。

4 3に生クリームを万遍なくかけ、その上にとろけるチーズを乗せて、250℃のオーブンで20分焼く。

エッグチーズスフレ

卵白はしっかり角が立つまで泡立てることで、ふんわりと仕上がります。

◎ 材料（4人分）
- ナチュラルチーズ………200g
- アスパラガス……………8本
- 茹でコーン………………100g
- 海老………………………5本
- 卵…………………………10個
- ホワイトソース(市販)…½カップ
- 牛乳………………………½カップ
- 塩胡椒……………………少々

POINT スフレを混ぜる時はゆっくりさっくりと。

1. チーズは粗みじん切り、アスパラガス、海老は茹でて1.5cmに切っておく。
2. 卵は白身と黄身を分ける。白身は角が立つまで泡立てる。
3. ホワイトソースを牛乳で伸ばしながら、黄身を混ぜ入れ、1.5cmに切ったアスパラガス、コーン、海老を混ぜ、塩胡椒を加える。
4. 3に2を少しずつ混ぜ合わせグラタン皿に流し入れ、180℃のオーブンでふっくらときつね色になるまで20分位焼く。

フルーツポンチ

サイダーの炭酸がアクセント。旬のフルーツなんでも代用可能です。

◎ 材料（4人分）
- 桃缶………………………1個
- パイン缶…………………1個
- みかん缶…………………1個
- 季節のフルーツ…………適量
- サイダー…………………1本

1. 大ぶりのガラスボウルにサイダーを入れ、缶詰を汁ごと入れて、苺など季節のフルーツを子どもの一口大にカットして入れる。

18 来客を迎える—子どもの誕生会に

新じゃがと林檎のクリーム焼き／エッグチーズスフレ／フルーツポンチ　65

イベントに便利

For Events

Recipe 19

とにかく楽しんで…

大人数のパーティー料理

魚や野菜に、〆のちらし寿司。それぞれ大皿に盛りつければ、見た目も華やかになります。

⏳ 約 **120** 分

干し椎茸を戻してご飯を炊く。鰹を盛り付けたら冷蔵庫へ。ちらしの具を用意して温野菜・酢飯の順で。

3品で使う主な食材

肉・魚	海老　鰹　アンチョビ　干しシラス
野菜	にんじん　蓮根　菜の花　干し椎茸　さやいんげん　じゃがいも　かぼちゃ　ブロッコリー　きゅうり　セロリ　ミニトマト　にんにく　生姜　浅葱
その他	米　かんぴょう　いり胡麻　生クリーム　バター　卵

春のちらし寿司／鰹のカルパッチョ風／温野菜のバーニャカウダ

春のちらし寿司

作業が多いので、ちらし寿司は市販の寿司酢を活用してもいいでしょう。

◎ **材料**（4人分）

米	4合
にんじん	2本
蓮根	中10cm
菜の花	1パック
干し椎茸	200g
さやいんげん	10本
かんぴょう	50g
海老(5cm位)	15尾
砂糖	適量
塩	適量
醤油	適量
みりん	適量
酒	適量
いり胡麻	適量
A 寿司酢	150ml
A 干しシラス	50g
卵	2個

1 米はかために炊いておく。**A**の寿司酢にシラスを漬けておく。

2 にんじんの上部を2mmの厚さに15枚輪切りにし、桜の型に型抜きする。下部は太めの千切り。砂糖大さじ1、醤油小さじ1、みりん小さじ1で煮る。

3 干し椎茸は一晩水に浸けてやわらかくしたものを、太めの千切りにし、砂糖大さじ3、醤油大さじ3、みりん大さじ2で煮る。

4 蓮根は粗目にいちょう切り、50mlの寿司酢で煮る。かんぴょうは戻して1cmにカット。砂糖大さじ1、醤油小さじ1、みりん小さじ1で煮る。

5 菜の花、さやいんげん、背ワタを取った海老は塩茹でし、ざるにあげる。卵は錦糸卵に焼く。

6 **2、3、4**の材料はざるにあげ、汁気を切っておく。

7 大皿にご飯を広げ、**A**を団扇で扇ぎながら混ぜぜかけ、**6**の野菜とかんぴょうを万遍なく混ぜ合わせ、いり胡麻をふりかける。錦糸卵の千切りをかけ、型抜きしたにんじんと**5**を飾る。

鰹のカルパッチョ風

薬味はどれだけかけても大丈夫です。たっぷりかけて楽しみましょう。

◎**材料(4人分)**
鰹(3枚におろしたもの)… 4枚
A ┌ にんにく……………… 大3片
　├ 生姜…………………… 50g
　└ 浅葱…………………… 1束
ポン酢………………………… 適量

1 鰹4枚は5mm位にそぎ切りする。Aは全てみじん切りにする。

2 大皿に鰹を時計回りに少しずらしながら丸く並べる。

3 2にAをにんにく、生姜、浅葱の順に万遍なくふりかけ、上からポン酢をかける。

温野菜のバーニャカウダ

ソースは大量に作って冷蔵庫に入れておけば保存可能です。食べる際に温めましょう。

◎**材料(4人分)**
〈温野菜〉
　じゃがいも……………… 大1個
　にんじん………………… 大1個
　かぼちゃ………………… 200g
　ブロッコリー…………… 中1個
〈冷野菜〉
　きゅうり………………… 1本
　セロリ…………………… 2本
　ミニトマト……………… 中2個
にんにく…………………… 大3片
アンチョビ………………… 6本
オリーブオイル…………… 適量
A ┌ ブイヨン……………… 60ml
　├ 生クリーム…………… 75ml
　├ バター………………… 45g
　└ 塩胡椒………………… 少々

1 温野菜は軽く塩茹でして食べやすく切る。冷野菜はよく冷やして食べやすく切っておく。

2 にんにく、アンチョビはみじん切りにしてオリーブオイルで炒める。

3 2にAを入れ、塩胡椒で味を調え、1を彩りよく飾り、上からかけてもよし、小鉢に入れてスプーンを添えてもよし。

Recipe 20

年に一度の特別な日には時間をかけて…

クリスマスの料理

ツリーとともにクリスマスの夜を彩るターキー。クリスマスツリーの飾り付けは子どもたちにお任せして、じっくり時間をかけてお料理を用意しましょう。

 約 **6** 時間

クルトンを作る。ターキーの詰め物（スタッフィング）を作っている間に、家人にソース作りを手伝ってもらう。ターキーをオーブンに入れたらサラダにとりかかる。

3品で使う主な食材

肉・魚	七面鳥　ハム
野菜	きゅうり　にんじん　じゃがいも 玉ねぎ　ブロッコリー　ミニトマト パプリカ　セロリ　にんにく クローブ　グレープフルーツ
その他	パスタ　クルトン　レーズン グレイビーソースの素　チョコレート クランベリーゼリー缶　牛乳

POINT
翌日のランチにはターキーの身をすべて削ぎはがして作るサンドイッチがおすすめですよ。

ターキー

自宅オーブンのサイズを確認して七面鳥のサイズを決めましょう。

◎材料(4人分)

冷凍七面鳥	6kg
クローブ	適量
食パン	3枚
A ┌ ターキーに付いているレバー/砂肝	
│ レーズン	100g
│ 玉ねぎ	大1個
│ セロリ	2本
└ にんにく	大3片
オリーブオイル	適量
グレイビーソースの素	1袋
クランベリーゼリー缶詰	1缶
〈マッシュポテト〉	
じゃがいも	300g
牛乳	30ml
塩胡椒	少々

POINT: 七面鳥の解凍に2、3日を要するので、前もって購入しましょう。

1. 七面鳥からレバー、砂肝を取り出し粗みじん切り。じゃがいもは茹でて潰し、牛乳と塩胡椒で味を調える。

2. クルトンを作る。食パンを1cm角にカットし、フライパンでから炒りする(市販しているものを使ってもOK)。

3. 玉ねぎ、にんにくはみじん切り、クルトンとAは1cm角にカット。

4. フライパンにオリーブオイルを入れ、3と砂肝、レバーを入れて炒めてから2を入れ炒め塩胡椒する。

5. 七面鳥の腹の中に4を詰め込み、尻を付属の楊枝で蓋をし、市販の七面鳥焼袋に入れる。

6. 5の七面鳥の袋を180℃のオーブンで4時間、様子を見ながら焼く。

7. グレイビーソースの素をターキーの焼汁で伸ばす(深い容器に入れスプーンを添え、クランベリーゼリーを添える)。

ターキー/パスタサラダ/クリスマスツリー

パスタサラダ

様々な形のパスタが市販されているので、好みのものを選びましょう。保存が利くので、"あと一品"に最適です。

◎ **材料(4人分)**

パスタ	200g
ハム	200g
パプリカ(赤/黄)	各¼個
きゅうり	2本
にんじん	1本
玉ねぎ	½個
マヨネーズ	30g
塩胡椒	少々

1 パスタはたっぷりの水で塩茹でする。
2 玉ねぎは千切りにして水にさらす。きゅうり、パプリカ、にんじんは1cmの角切り。
3 水切りした材料をマヨネーズで和え、塩胡椒で味を調える。

クリスマスツリー

ブロッコリーは茹ですぎないよう注意を。七面鳥の添え物としても活躍してくれます。

1 ブロッコリーをたっぷりの水で塩茹でする。
2 ミニトマトは洗ってヘタを取る。
3 ブロッコリーを皿の下から横に一列並べる。両横を一つずつ減らし、トマトを一列並べ頂上一つになるまで並べる。
3 頂上に星形にカットしたグレープフルーツの皮（他の黄色い柑橘類でも可）を飾り、一番下にチョコレートを飾る。

◎ **材料(4人分)**

ブロッコリー	大1個
ミニトマト	2パック
チョコレート	3本
グレープフルーツ	½個
(☆の形を作るだけなので皮だけ使う)	

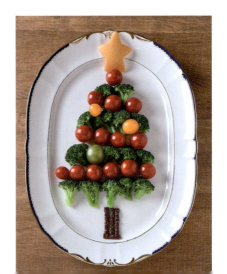

Recipe 21
デザート3品

前もって作っても大丈夫

朝食べるシリアルも、おやつに食べるクラッカーも、目先を変えてデザートに。自分で作った桜餅は誰かに自慢したくなる美味しさ。お客様にもお出しできます。

約3~4時間

クラッカーを袋のまま潰す。ケーキの土台を作り冷凍庫に5分。チーズと牛乳をミキサーにかけて鍋で温め溶かす。土台に粗熱の取れたチーズを入れ冷蔵庫へ。クランブルケーキの材料をオーブン皿に敷き、桃を乗せオーブンに。最後に道明寺を作る。

3品で使う主な食材

野菜	桃　レモン
その他	小麦粉　道明寺粉　ブラウンシュガー バター　無塩バター　シナモン シリアル　クリームチーズ カッテージチーズ　クラッカー ゼラチン　桜の葉の塩漬け　食紅 牛乳　餡　卵

桃のクランブルケーキ／レアチーズケーキ／道明寺 桜餅

桃のクランブルケーキ

残った朝食のシリアルが、豪華なお菓子に変身します。

◎ 材料(4人分)

桃	2個
小麦粉	½カップ
ブラウンシュガー	½カップ
バター	大さじ3
シナモン	適量
シリアル(グラノーラ、オーツ麦など)	200g

1. バターは冷たい状態でサイコロ状に切る。
2. 1と桃以外の材料をボウルに入れ手で混ぜる。
3. 桃は皮をむいたら2cm位の半月に切り、オーブン皿に1を敷き、桃を並べ200℃のオーブンで30分焼く。

レアチーズケーキ

マーマレード、苺、ブルーベリーなど好みのジャムを乗せて楽しみましょう。

◎ 材料(18cmの型)

クリームチーズ	100g
カッテージチーズ	100g
クラッカー	½箱
ゼラチン	6g
牛乳	200ml
無塩バター	50g
砂糖	100g
卵	½個
レモン汁	小さじ½

1. ゼラチンは180mlの水でふやかしておく。クラッカーはビニール袋に入れ、粉になるまで砕く。
2. 砕いたクラッカーに常温に戻したバター、砂糖40gを混ぜ、型に万遍なく敷き、スプーンで押さえて冷蔵庫に10分程入れておく。
3. クリームチーズ、カッテージチーズ、牛乳はミキサーにかけ、鍋に移し砂糖60g、ゼラチンを入れ、沸騰する前に火を止める。
4. 3の粗熱が取れたら、レモン、卵を混ぜ入れ、2の上に流し入れて冷蔵庫で2～3時間固める。
5. よく固まったら8等分にカットし、好みでマーマレードジャムなどを飾る。

道明寺 桜餅

ラップを使うことで、ベタベタせずに美しく仕上がりますよ。

◎ **材料（8個分）**

道明寺粉	100g
水	150ml
桜の葉の塩漬け（市販）	8枚
食紅	ごく少量
（耳かき半分程度でも多すぎる）	
餡（市販）	120g
砂糖・塩	各1つまみ

1. 餡は8等分に丸めておく。桜の葉は水に10分間さらす。
2. 水の中に食紅を溶かし、砂糖と塩を入れて混ぜる。
3. 耐熱ボウルに**2**と道明寺粉を入れ軽く混ぜる。ラップをかけ、電子レンジで5分温めた後、そのまま10分蒸らす。
4. 粗熱が取れたら、ラップを広げ、棒状にまとめ、8等分にする。
5. 手のひらにラップを敷き、**4**を広げ、餡を乗せ楕円に形作る。水気を取った桜の葉を巻く。

道明寺は春の訪れとともに作ってみて。

POINT

イベントに便利—デザート3品

桃のクランブルケーキ／レアチーズケーキ／道明寺 桜餅

Recipe 22

老若男女大喜びの日に

腕を振るっておもてなし

パエリア

ボイルポークの
バーモントソース

パエリアは木こりたちが雉や野ウサギを捕って作った山賊料理が始まりです。テーブルを華やかにしてくれるのでパーティーのメインディッシュに最適！ 魚介にこだわらず、冷蔵庫にあるもので気軽に作ってみましょう。

約 **90** 分

ボイルポークに塩胡椒し、パエリアの肉を刻んでシーフードの下準備。杏を湯に浸けてボイルポークの鍋を火に掛ける。パエリアを炒め始める。林檎をすり下ろしてソースを作る。パエリアの飾り付けをして弱火にしたら、ワイン煮にとりかかる。

3 品で使う主な食材

肉・魚
　むき海老　有頭海老　いか
　たこ　ホタテ　あさり
　ムール貝　鶏もも肉　豚バラ肉
　鶏手羽先　豚ロース(塊)

野菜
　いんげん　パプリカ
　にんにく　玉ねぎ　ネギ
　にんじん　セロリ
　ドライ杏　林檎　レモン

その他
　米　トマト缶　ブイヨン
　サフラン　赤ワイン　八角
　蜂蜜　林檎酒　バター

ドライ杏と
鶏手羽のワイン煮

22

イベントに便利―腕を振るっておもてなし

パエリア／ドライ杏と鶏手羽のワイン煮／ボイルポークのバーモントソース

パエリア

◎ 材料(4人分)

むき海老	80g
いか	60g
たこ	50g
ホタテ	50g
(冷凍シーフードMIXでも可)	
鶏もも肉	130g
豚バラ肉	110g
あさり	8個
ムール貝	4個
有頭海老	4尾
米	480g
にんにく	10g
トマト缶	1缶
ブイヨン	600ml
サフラン	小さじ½
塩	8g
オリーブオイル	60g
いんげん	50g
パプリカ(赤/黄)	各½個
レモン	½個

カバ、赤・白ワイン、焼酎でも何でもOK。野菜スティックやサラダを添えても良いですよ。

— POINT —

魚介類は、冷凍シーフードMIXでも代用可能です。パエリア鍋がない場合は、フライパンを利用して。

1 にんにくのみじん切りを焦がさないように炒める。食べやすくカットした肉類とシーフード類を炒め、サフランを加え塩で下味をつける。

2 1にトマト缶、ブイヨン、米を入れ、沸騰したら弱火に落とす。

3 あさり、ムール貝、有頭海老、いんげん、パプリカを飾り付け、アルミホイルで蓋をして18分炊く。オーブンの時は180℃で20分以上。

4 レモンを切って添える。

ドライ杏と鶏手羽のワイン煮

水分を飛ばすタイミングは焦げやすいので要注意。鍋から目を離さないで。

◎材料（4人分）

鶏手羽先	12本
ドライ杏	8粒
赤ワイン	100mℓ
八角	1個
醤油	大さじ3
蜂蜜	大さじ3
玉ねぎ	大1個
オリーブオイル	大さじ3

1. 鶏手羽先とスライスした玉ねぎ、オリーブオイルを和えておく。
2. 杏はぬるま湯に浸けておく。
3. 鍋に1を入れ、よく炒める。
4. 杏を取り出し3に入れ、ワイン、八角、醤油、蜂蜜を入れ、水分がなくなるまで煮る。

ボイルポークのバーモントソース

60℃の低温調理でしっとり美味しく仕上がります。

◎材料（4人分）

豚ロース（塊）	500g
塩胡椒	少々
玉ねぎ	中1個
A ネギの青いところ	10cm
にんじんの皮	1本分
セロリの葉	1本
コンソメキューブ	1個
にんにく	5片
林檎	1個
林檎酒	大さじ3
蜂蜜	大さじ3
バター	大さじ2
オリーブオイル	大さじ3

1. 豚は塩胡椒して30分位おき、叩き潰したにんにくとAと水をひたひたに入れ、60℃の温度に保ち30分煮て、熱い鍋のままおく。
2. みじん切りにした玉ねぎをフライパンに入れ、バターとオリーブオイルでよく炒める。
3. 2に林檎酒、蜂蜜を入れて煮立て、すりおろした林檎を加えひと煮立ちさせ、塩胡椒で味を調える。
4. 1を1cm位に切って皿に盛り、3をかけ好みの添え物を。

イベントに便利——腕を振るっておもてなし

Recipe 23

初めての香辛料も恐れずに…

初めての食材に挑戦

いつも見るだけでなかなか手にしないホワイトアスパラガス・花豆・ケイパー。ここでは簡単なレシピを紹介します。

 約50分

前日から水に浸けておいた豆をざるにあげ、コンソメで煮る。その間にいかの下ごしらえ。アスパラガスを煮ている間にペペロナータの材料を切って炒める。豆といかを炒める。

3品で使う主な食材

肉・魚	するめいか　アンチョビ
野菜	ホワイトアスパラガス　花豆　にんにく　バジル　パプリカ　黒オリーブ　ケイパー　レーズン
その他	バゲット　温泉卵

ホワイトアスパラの卵添え

ホワイトアスパラガスは30分以上茹でるとトロッとした食感に。

1. ホワイトアスパラガスの根元を1cm切り落とし、下から3cmくらい削ぐ。
2. 1にコンソメを入れ、30分煮る。
3. アスパラガスが煮あがったら、3等分に切り、温泉卵を真ん中に置く。

◎材料（4人分）
ホワイトアスパラガス… 8本
温泉卵………………… 4個
コンソメキューブ……… 1個

POINT
お酒は白ワインで。ホワイトアスパラガスは焼くとポリッとした食感です。

花豆とするめいかのイタリアン炒め

花豆は前日より準備しましょう。下準備さえできていれば、いかに火が通れば完成です。

◎材料（4人分）
- 花豆‥‥‥‥‥‥‥‥200g
- するめいか‥‥‥‥‥1杯
- にんにく‥‥‥‥‥‥2片
- バジル‥‥‥‥‥‥‥少々
- 塩胡椒‥‥‥‥‥‥‥適量
- コンソメキューブ‥‥2個
- オリーブオイル‥‥大さじ3

1. 花豆は前夜から水に浸けて戻しておく。
2. するめいかは皮をむいて1cmの輪切り、足は2本ずつカットする。
3. 花豆はコンソメを入れて3倍の水で30分以上煮て、ざるに上げておく。
4. にんにくをみじん切りにして炒め、色がついてきたら2と3を同時に入れ炒める。塩胡椒で味を調え、バジルをちらす。

ペペロナータ

バゲットははさみで切れば簡単。Aの塩胡椒は控えめに。

◎材料（4人分）
- パプリカ(赤／黄／緑)‥各½個
- にんにく‥‥‥‥‥‥2片
- バゲット‥‥‥‥‥‥10cm
- オリーブオイル‥‥大さじ3
- コンソメキューブ‥‥1個
- A
  - アンチョビ‥‥‥‥6本
  - ケイパー‥‥‥‥大2粒
  - 黒オリーブ‥‥‥‥5粒
  - レーズン‥‥‥‥大2粒
  - 塩胡椒‥‥‥‥‥‥少々

1. バゲットは一口大にカット、にんにくはみじん切りにする。Aは粗みじんにカットする。
2. パプリカは黒くなるまでよく焼き、黒焦げを取り、縦に4等分に切る。
3. オリーブオイルでにんにくを色が付くまで炒め、2とコンソメキューブ、水1カップを入れる。沸騰したらAとバゲットを入れ、塩胡椒で味を調え、水がなくなるまで煮る。

Recipe 24

久々の日本で一番に食べたい味

海外旅行から帰国したら

いか大根

きのこの白和え

24 イベントに便利―海外旅行から帰国したら

数日でも日本を離れたら、あっさりした味が恋しくなるもの。ヘルシーでバランスの良いものを食べさせてあげて。

コールドチキンと夏野菜の棒棒鶏

POINT
日本酒、焼酎や具だくさんの味噌汁を添えたら完璧。

約 40 分

豆腐を水切りし、大根の皮をむき茹でる。いかの下処理をする。豆腐を茹で、他の材料を刻む。棒棒鶏の野菜をピーラーでカット。鶏肉を茹で、手で細かくさいたら冷蔵庫へ。

3 品で使う主な食材

肉・魚
いか　鶏むね肉

野菜
大根　しめじ　椎茸
えのき　セロリ　トマト
きゅうり　冬瓜　にんじん
生姜　にんにく　柚子
ローリエ　三つ葉

その他
かまぼこ　木綿豆腐
こんにゃく　白ワイン
練り胡麻　すり胡麻
マスタード

いか大根／きのこの白和え／コールドチキンと夏野菜の棒棒鶏

いか大根

大根に味がしみ込んだタイミングでいかを入れると、やわらかく仕上がります。

◎ **材料（4人分）**

大根	½本
いか	1杯
生姜（千切り）	適量
柚子の皮	適量
A 醤油	100㎖
みりん	20㎖
出汁の素	適量

1. 大根は縦半分に切り、大きめの乱切りにし、串が通るまで茹でる。
2. いかは皮をむき、身は輪切り、足は2本ずつ切る。
3. 鍋に茹でた大根と生姜、A、Aと同量の水を入れて中火で煮る。
4. 大根に醤油がしみたら、2を入れ煮る。
5. 皿に盛ったら柚子の千切りを飾る。

きのこの白和え

豆腐の裏ごしは家庭ではスルー。

◎ **材料（4人分）**

しめじ	1パック
椎茸	4枚
えのき	1パック
白かまぼこ	½本
三つ葉	½束
にんじん	3cm
木綿豆腐	1丁
こんにゃく	½個
だしの素	適量
塩	小さじ1
A 練り胡麻	大さじ3
すり胡麻	大さじ3
醤油	大さじ1
マヨネーズ	小さじ1

1. まな板を斜めにし、豆腐の水切りをした後、こんにゃくと茹でる。
2. しめじ、えのき共に石づきを取ってほぐす。
3. 椎茸は石づきを取りにんじんと共に千切り、三つ葉は3cmにカット。きのこを茹で、湯切りするざるに三つ葉とかまぼこを入れてさっと湯通しする。
4. Aを混ぜ、豆腐を手でつぶしながらAと混ぜ合わせる。
5. 4に1、2、3を入れて、塩、だしの素で味を調える。

コールドチキンと夏野菜の棒棒鶏

◎材料(4人分)
- 鶏むね肉……………400g
- 白ワイン………ボトル半分
- コンソメキューブ……1個
- ローリエ………………1枚
- セロリ茎………………適量
- トマト冷凍……………1個
- 味噌………………小さじ1
- 酢…………………大さじ1
- A
  - きゅうり………………1本
  - 冬瓜………………200g
  - にんじん………………1本
- B
  - 練り胡麻………………30g
  - おろし生姜…………小1個
  - おろしにんにく……小1片
  - マスタード……小さじ½
  - 胡麻油……………大さじ1
  - 醤油………………大さじ1
  - 砂糖………………小さじ1

冷たさが美味しさの秘訣なので、冷蔵庫でよく冷やしましょう。

1. 鶏肉は常温に戻しておく。
2. 鍋に4カップの水を入れ、ワイン、コンソメ、ローリエ、セロリを入れ、沸騰したら鶏肉を入れ、弱火にして2分加熱、火を止め15分おく。
3. 粗熱が取れたら、1cm位のそぎ切りにして、煮汁と一緒に密閉容器に入れ冷蔵庫で冷やす。
4. **A**をピューラーで10cm位の薄切りにして塩をした後、水にさらし水気を取り冷蔵庫で冷やす。
5. フライパンに胡麻油を熱し、残りの**B**を加えて煮る。粗熱がとれたら、冷凍トマトをおろし入れる。
6. 皿に**3**を並べ、**4**を飾り、**5**をかける。

Recipe 25

家族のための癒やしの料理

たっぷり時間がある日に

少しお疲れ気味の家族に、栄養満点の参鶏湯を作ってあげましょう。落ち込み気味の時も、風邪で弱っている時も、食べればエネルギーが湧いてくるはず。

⏳ 約 3〜4 時間

丸鶏は前日より解凍する。豆も前夜から水に浸けておく。鶏ガラを水たっぷりの鍋に入れ火にかける。胡麻豆腐は材料を合わせ鍋で練り、冷蔵庫へ3時間あまり入れておく。参鶏湯の材料を腹に詰めたら煮始める。豆に味付けをする。

3品で使う主な食材

肉・魚	ベーコン(塊)　丸鶏
野菜	金時豆　玉ねぎ　にんにく　銀杏　なつめ　栗　高麗にんじん　生姜　クコの実　長ネギ　野菜くず
その他	練り胡麻　くず粉　トマト缶　鶏ガラ　柚子胡椒　もち米

胡麻豆腐

型から外す際に水に放すことで豆腐の型崩れを防げます。

◎ 材料
(21cmの流し型で16個分)

A ┬ 練り胡麻……………120g
　├ くず粉………………150g
　├ 塩……………小さじ1
　└ 水……………180mℓ×7
　　　　　　(流し型1杯分)
胡麻だれ(市販)
わさび・ポン酢………少々

1 Aを鍋に入れ、焦がさないようにヘラで練り、耳たぶ位の硬さになったら火を止める。
2 1を型に流し入れ、粗熱が取れたら冷蔵庫に入れ冷やし固める(3時間以上)。
3 固まったら、型のまま縦4、横4で線を入れ、16等分に切り、氷を張った水に放し、皿に盛ったら好みのたれをかけて。

金時豆とベーコンのトマト煮

1時間煮込むことで金時豆にしっかり味がしみ込みます。バゲットを添えて。

◎ 材料(4人分)

金時豆………………200g
ベーコン(塊)…………300g
玉ねぎ…………………1個
にんにく………………2片
オリーブオイル………適量
コンソメキューブ……2個
塩胡椒…………………少々
トマト缶………………1個

1 金時豆は前日から水に漬けておく。
2 ベーコンは大きめのさいの目切り、にんにく、玉ねぎはみじん切り。
3 鍋にオリーブオイルを入れ、にんにく、玉ねぎを色づくまで炒める。ベーコン、豆を加えて炒めた後トマト缶を入れる。水をひたひたまで入れ、コンソメ、塩胡椒で味を調え、1時間以上煮る。

胡麻豆腐／金時豆とベーコンのトマト煮／参鶏湯

参鶏湯

長時間煮込むので、火加減に注意して下さい。

◎材料（1羽3～4人分）
```
丸鶏‥‥‥‥1羽(700g～1kg)
鶏ガラ‥‥‥‥‥‥‥‥1kg
野菜くず‥‥‥‥‥‥‥適量
柚子胡椒‥‥‥‥‥‥‥適量
もち米‥‥‥‥‥‥大さじ6
   ┌にんにく‥‥‥‥大1片
   │銀杏‥‥‥‥‥‥‥適量
   │なつめ‥‥‥‥‥‥1粒
 A │栗‥‥‥‥‥‥‥‥1粒
   │生姜‥‥‥‥‥‥‥1片
   └高麗にんじん‥3～5cm
 B ┌クコの実‥‥‥‥‥適量
   └白髪ネギ‥‥‥‥‥適量
```

1. 大鍋にたっぷりの水と野菜くず、鶏ガラを入れて煮る。
2. 鶏をお尻の方を上にして立て、もち米を半分入れ、Aを順に入れ、残りのもち米を入れる。
3. お尻の皮で蓋をして、爪楊枝で仮止めし、タコ糸でお尻から巻いていく。
4. 鍋に3を入れ、1のスープだけ注いで、クコの実を入れ2～3時間煮て、爪楊枝とタコ糸を取る。
5. 塩胡椒で味を調え、白髪ネギを飾り柚子胡椒を添える。

POINT
滋養強壮に効果がある参鶏湯。〆にラーメンを入れても美味しく食べられます。

健康の
ために

For Health

Recipe 26

大鍋で煮ておけばいつでも食べられる

長生きしたい人の常食スープ

常備食としてもぴったりのジョナサンスープ（チリコンカン）は、豆や根菜がいっぱい入っているので、毎日食べれば体の調子も良くしてくれます。

⏳ 各約 **30** 分

ジョナサンスープのミートボールを作り、具の野菜を切って火にかける。梅干しスープの根菜を切り、煮始める。かぼちゃを切ったら野菜と一緒に煮てミキサーへ。

3品で使う主な食材

肉・魚	合いびき肉
野菜	にんじん　玉ねぎ　セロリ　青唐辛子　にんにく　パプリカ　ズッキーニ　大根　ごぼう　蓮根　里芋　かぼちゃ　じゃがいも　エシャレット　浅葱　梅干し　冷凍ミックスビーンズ
その他	トマト缶　卵　バター　牛乳

ジョナサンスープ（チリコンカン）

青唐辛子を加えなければミネストローネ風。子どもも食べられます。

◎ **材料（4人分）**

にんじん	1本
玉ねぎ	大1個
セロリ	2本
青唐辛子	3本
パプリカ(黄)	1個
ズッキーニ	1本
冷凍ミックスビーンズ	300g
にんにく	3片
トマト缶	1缶
A 合いびき肉	300g
玉ねぎ	1個
卵	1個
塩胡椒	少々

1 豆以外の野菜は1cmの角切り。

2 大鍋で潰したにんにくと1を炒め、材料がかぶるくらい水を張り、トマト缶を入れて煮る。

2 玉ねぎをみじん切りにし、Aを全て混ぜ、3cm位のボール形にして入れて煮る。

3 塩胡椒で味を調える。

根菜の梅干しスープ
（冷蔵庫の残り物スープ）

塩を控えれば毎食でも。しっかり野菜が食べられます。
いつまでも残っている梅干しを片付けましょう。

◎材料（4人分）

にんじん	1本
大根	½本
ごぼう	1本
蓮根	大10cm
里芋	5〜6個
梅干し	5〜6粒
だしの素	少々
塩	少々
醤油	大さじ2

1 根菜は全て一口大の乱切りにする。
2 大鍋に1を入れ、根菜の倍の水を張り、梅干しとだしの素を入れ、ひたすら煮て塩、醤油で味を調える。

かぼちゃのスープ

じゃがいもだけでビシソワーズも。かぼちゃをにんじんや枝豆に変えても楽しめます。

◎材料（4人分）

かぼちゃ	½個
じゃがいも	中1個
エシャレット	3本
玉ねぎ	中½個
バター	50g
牛乳	2カップ
浅葱	適量
塩胡椒	少々
水	3カップ

1 かぼちゃは種を取り薄切り、じゃがいもは皮をむき薄切り、玉ねぎは千切り、エシャレットは皮をむいて細切りにする。
2 鍋にバターを溶かし1を炒め入れ、水を加えて煮る。
3 2の粗熱が取れたらミキサーにかけ、牛乳を入れて塩胡椒で味を調え、密閉容器に移して冷蔵庫で冷やす。
4 よく冷えたらガラスのボウルに注ぎ、真ん中に浅葱の小口切りを盛る。

Recipe 27

ダイエットの味方に

炭水化物抜きでも満腹に

ご飯やパスタ、うどん等の炭水化物を抜いてのダイエット中。そんな時にはこちらの3品。見た目もお腹も満足できるものを。

⏳ 約 40 分

にんにくをみじん切りして、茄子をフライパンで炒める。茄子をオーブンに入れている間に、きのこを切る。きのこを煮ている間にサラダのレタスをちぎる。牛肉を炒め、サラダに乗せる。

3品で使う主な食材

肉・魚	牛肉
野菜	茄子　トマト　にんにく　レタス　ミニトマト　きゅうり　しめじ　えのき　椎茸　にんじん　玉ねぎ
その他	とろけるチーズ　豆腐　片栗粉

茄子とトマトのチーズ焼き

フライパンをあおって炒め、トマトが崩れないようにしましょう。

◎ **材料（1人分）**

茄子	大2本
トマト	中1個
にんにく	1片
とろけるチーズ	適量
だしの素	大さじ1

1 にんにくはみじん切り、トマトは8等分、茄子は縦半分に切った後、斜め切りにする。

2 オリーブオイルでにんにくを炒め、色づいたら茄子、トマトの順で火を通し、だしの素で味を調える。

3 グラタン皿に**2**を入れ、チーズをふりかけ230℃のオーブンで20分焼く。

一食一品でもお腹いっぱいに
POINT

牛肉のサラダ

ドレッシングを変更すれば様々な味が楽しめます。

◎材料（1人分）
- 牛肉（好みの部位）……… 100g
- レタス……………………… ½個
- ミニトマト………………… 適量
- きゅうり…………………… ½個
- A
  - ポン酢…………… 大さじ2
  - シーザードレッシング
  - （市販）………… 大さじ1

1. 牛肉はフライパンで軽くから炒りする。
2. ガラスボウルにレタスをちぎり、1 を乗せ、周りにミニトマトときゅうりの薄切りを飾り、A を混ぜたものをかける。

きのこの豆腐あんかけ

ひたひたに入れる水の量と同量の水溶き片栗粉でとろみがつくまでしっかり煮ましょう。

◎材料（1人分）
- 豆腐………………………… 1丁
- しめじ……………………… ½パック
- えのき……………………… ½パック
- 椎茸………………………… 3本
- にんじん…………………… 2cm
- 玉ねぎ……………………… ½個
- 片栗粉……………………… 大さじ1½
- A
  - 醤油……………… 小さじ1
  - だしの素………… 大さじ1
  - みりん…………… 小さじ1
  - 塩………………… 少々

1. 豆腐は茹でて8等分に切って皿に盛る。
2. にんじん、玉ねぎ、椎茸は千切り、えのきとしめじは石づきを取りほぐしておく。
3. 鍋に 2 を入れ、水をひたひたに入れる。A を入れ味を調えたら、倍の水で溶いた片栗粉でとろみをつけ、1 にかける。

27 健康のために──炭水化物抜きでも満腹に

Recipe 28

体に優しい食事を皆で…

病気の人のいる家族飯

ぶりの山芋あんかけ

乳和食の肉豆腐

塩分を控えたい人はミルクでコクを出しましょう。実は、たいていの和食に、ミルクが合うんです。体力のない人には、少し火を通した山芋がおすすめ。優しい味で体に負担のないものを。

冬瓜の鶏あんかけ

⏳ 約**40**分

冬瓜の皮をむく。玉ねぎ、生姜をみじん切りにする。冬瓜を煮始め、別鍋で玉ねぎ、生姜を炒める。鍋に牛肉、豆腐、玉ねぎ、白滝を入れ煮る。ぶりをソテーしている間に山芋をすり下ろす。ぶりが焼けたら取り出し、山芋を入れ味付けしたらすぐ火を止める。

3品で使う主な食材

<u>肉・魚</u>
牛小間切れ肉　鶏ひき肉
ぶり

<u>野菜</u>
玉ねぎ　さやいんげん　山芋
冬瓜　生姜　柚子　浅葱

<u>その他</u>
木綿豆腐　牛乳　めんつゆ
片栗粉

乳和食の肉豆腐

いつもの肉豆腐に牛乳を加えることで、塩分控えめになりコクも出ます。

◎ 材料（4人分）

木綿豆腐	2丁
玉ねぎ	大1個
牛小間切れ肉	200g
さやいんげん	8本
牛乳	1カップ
2倍濃縮めんつゆ	1½カップ
白滝	150g

1. 豆腐は半分に切って4等分にする。玉ねぎは粗目にざく切りにし、さやいんげんは塩茹でしておく。
2. 鍋に玉ねぎ、牛肉、豆腐、白滝、水とめんつゆを同量入れて煮る。
3. 玉ねぎがやわらかくなったら火を止めて、牛乳を入れ、さやいんげんをちらす。

ぶりの山芋あんかけ

山芋ソースの味付けの際、直ぐに火から下ろすのがポイントです。

◎ 材料（4人分）

ぶり	4切
醤油	大さじ1
山芋	中10cm
浅葱	適量
オリーブオイル	大さじ1
だしの素	大さじ1
塩胡椒	少々

1. ぶりは、塩胡椒をしてオリーブオイルで両面を焼く。
2. 山芋は皮をむきすりおろし、醤油、だしの素で味を調え30秒煮てぶりにかける。

POINT 煮魚や味噌煮にも少量の牛乳を入れるとコクUP。

冬瓜の鶏あんかけ

鶏肉はカニ缶にすると、また違った味わいになりますよ。

◎ **材料(4人分)**

冬瓜	中½個
鶏ひき肉	200g
玉ねぎ	中1個
生姜	3cm
片栗粉	大さじ3
柚子	適量
A 醤油	大さじ1
みりん	大さじ1
だしの素	大さじ1
塩	少々

1. 冬瓜は種とヘタを落とし、縦半分に切る。それを縦4cm横6cm位に切ってから皮をむき、背中に蛇腹に線を入れたら、深鍋の水に塩小さじ1を入れて茹でる。
2. 玉ねぎ、生姜はみじん切りにする。
3. 鍋に水3カップと鶏ひき肉を入れ、箸を3、4本使って肉をほぐしながら**2**を入れて煮る。
4. **3**に**A**を入れて味を調える。煮立たせたら、片栗粉を同量の水で溶かしとろみをつける。
5. 深めの小鉢に**1**を入れ、**4**をたっぷり注ぎ、柚子の千切りを飾る。

28 健康のために——病気の人のいる家族飯

乳和食の肉豆腐／ぶりの山芋あんかけ／冬瓜の鶏あんかけ

Recipe 29

> ビタミンを取って美容と健康に…

フルーツを使用した料理

ちょっと甘味が欲しいとき、フルーツがたくさん余った時にはこんな料理もあり。華やかな見た目でみんなを驚かせましょう。

⏳ 約 **60** 分

豚ロースの下準備をし鍋を火にかけたら、白和え、豚ロースのフルーツソース、サラダの順に。

3 品で使う主な食材

肉・魚	豚ロース肉（塊）
野菜	トマト　玉ねぎ　バジル　セロリ　にんじん　えのき　種なしぶどう　梨　桃　柿　にんにく
その他	絹ごし豆腐　こんにゃく　すり胡麻　カバ

ぶどうの白和え

浅葱があれば彩りに入れてみて。

◎ 材料（4人分）

種なしぶどう	1房
えのき	1パック
にんじん	3cm
絹ごし豆腐	1丁
こんにゃく	½枚
A すり胡麻	大さじ3
だしの素	小さじ1
マヨネーズ	小さじ1½
胡麻ドレッシング（市販）	大さじ2
浅葱	少々

1. 豆腐はまな板を斜めにし水切りする。ぶどうは皮をむいておく。
2. えのき、こんにゃく、豆腐を茹でる。
3. にんじんとこんにゃくを細切りにする。えのきは半分に切ってほぐす。
4. **A**を混ぜたものに、**1**と**3**を合わせ豆腐を手で潰しながら入れ、よく混ぜる。

豚ロースの
カバフルーツ和え

フルーツは好みのもので。カバがない時は白ワインと炭酸水を半々で代用可能です。

◎材料（4人分）

豚ロース肉(塊)		400g
EXバージンオリーブオイル		適量
カバ		大さじ2
塩		大さじ2
胡椒		適量
A	梨	1個
	桃	1個
	トマト	1個
	玉ねぎ	1個
	バジル	適量
B	にんじん	5cm
	にんにく	2片
	玉ねぎ	½個
	セロリ茎	2本

1 豚はフォークで穴を開け、塩胡椒を強めにして30分以上置く。
2 豚は洗って水分を拭き取る。フライパンにオリーブオイルを引き、肉がきつね色になるまで焼く。
3 Bは全て粗みじん切りにし、鍋にたっぷりの水を入れ、Bの野菜と2を入れて、とろ火で60℃に保ち30分煮て、そのままおく。
4 Aの野菜とフルーツを1cm角に切り、カバ、EXバージンオイル、レモン、塩胡椒で味を調える。
5 3の豚肉を1cm強の厚さにスライスし、その上に4をかける。

柿とセロリのサラダ

柿とセロリのシャキシャキした食感も楽しめます。

◎材料（4人分）

柿(固めのもの)	1個
セロリ	½本
ドレッシング(市販)	適量

1 柿は皮をむいて8等分に切る。
2 セロリは筋を取って、斜めにそぎ切りにする。
3 1、2を好みのドレッシングで和える。

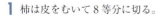

ママのおすすめ酒

赤猿 / 黄猿 / 白猿 / メローコヅル エクセレンス

紫芋の王様・農林56号を使用し、白麹で醸した、香りと甘みが特徴の芋焼酎。

黄金千貫をあえて完熟させることで、マスカットのような高貴な芳香と風味が広がる芋焼酎。

二条大麦とワイン酵母を使用し、低温発酵・低温蒸留した気品ある香りの本格麦焼酎。

原酒を全量樫樽に貯蔵し熟成させた口当たりまろやかな米焼酎。

小正さんの焼酎は和・洋・中、何にでも合いますよ。

小正醸造株式会社
鹿児島県
日置市日吉町
日置3309

スペイン産ワインはリーズナブルで美味しいです。

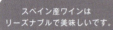

スペイン グルメテリア・イ・ボデガ
東京都中央区銀座7-12-14
大栄会館1F

オチョア ティント / ランソス ティント / ランソス ブランコ

自然なつくりにこだわった、フレッシュな果実の旨味たっぷりの赤ワイン。

若々しくてフルーティな香りと味わい。果実味と酸味のバランスが良い赤ワイン。

桃を想わせるフルーツのアロマを持ち、爽やかでドライな味わいの白ワイン。

お好み焼ワイン 赤

爽やかな酸味とタンニンのバランスがお好み焼きとよく合う。

お好み焼き専用ワインはお好み焼きと抜群の相性です。

国分グループ本社株式会社
東京都中央区日本橋1-1-1

お助け メニュー

at a time like this

Recipe 30

簡単！栄養満点！

男一人飯

3品一度に作って、ゆっくりディナーを楽しんでもいいし、飲み会後や、小腹の空いた時には一品だけでもOK。簡単に作れ、焼酎のお供にもぴったりです。

約30分

スパゲッティの湯を沸かす間ににんにくを叩き、スライス、みじん切りに。砂肝のアヒージョ、しめじにんにくを完成させてペペロンチーノを仕上げる。

3品で使う主な食材

肉・魚	砂肝　アンチョビ
野菜	春キャベツ　マッシュルーム しめじ　にんにく
その他	スパゲッティ（1.6mm）　鷹の爪　白ワイン

春キャベツとアンチョビのペペロンチーノ

にんにくとアンチョビを炒めたらスパゲッティを混ぜるだけで完成です。味見をしながら塩胡椒の調整をしましょう。

1. スパゲッティはたっぷりの水に10gの塩を入れて、沸騰したら表示通りの時間で茹で、茹で上がる1分前に一口大に切ったキャベツを入れる。
2. フライパンにオリーブオイルを入れ、叩き潰したにんにくと鷹の爪を入れ、にんにくの色が変わるまで炒める。
3. 2にみじん切りしたアンチョビを入れ、湯切りした1を入れて軽く炒め塩胡椒で味を調える。

◎材料（1人分）

春キャベツ	100g
アンチョビ	4本
スパゲッティ（1.6mm）	100g
にんにく	1片
オリーブオイル	適量
鷹の爪	1本
塩胡椒	少々

砂肝のアヒージョ

鍋やフライパンは小さめのものを使用して。

◎材料（1人分）

砂肝	200g
マッシュルーム	2個
にんにく	大1片
オリーブオイル	大さじ2
鷹の爪	1本
だしの素	大さじ1

1 砂肝は1房を4等分に切る。
2 マッシュルームは石づきを取る。にんにくはみじん切り。
3 オリーブオイルでにんにく、鷹の爪を炒め、マッシュルームと1を入れたら蓋をして3、4分両面焼く。だしの素をふりかけ味付けする。

しめじにんにく

にんにくを敷いてしめじをおいたら、材料を動かさないで蒸し焼きにしましょう。

1 油を引いたフライパンにスライスしたにんにくを入れ、石づきを取ったしめじを乗せる。塩胡椒をし、ワインを振りかけ蓋をして蒸す。

◎材料（1人分）

しめじ	1パック
にんにく	1片
白ワイン	適量
塩胡椒	適量
サラダ油	小さじ1

どれも酒のあてにぴったりですよ。
── POINT

春キャベツとアンチョビのペペロンチーノ／砂肝のアヒージョ／しめじにんにく

Recipe 31

女一人飯

残ったら明日も…

家でゆっくり過ごしたい女一人の休日。朝起きて、手早く一度に作ったら、後は寝るまでごゆっくり。彩り鮮やかで気分も上がる三品をご紹介。

⏳ 各約 **30** 分

魚を焼く間に冷や汁の野菜を刻む。鍋を火にかけフルーツ和えの野菜を切る。納豆サラダの野菜を切って器に入れる。

3 品で使う主な食材

肉・魚	鶏ささ身　干し魚
野菜	にんじん　菜の花　ブロッコリー　きゅうり　ミョウガ　大葉　茄子　トマト　ミニトマト　レタス　浅葱　グレープフルーツ　オクラ
その他	冷やご飯　豆腐　すり胡麻　納豆　鰹節

野菜のフルーツ和え

旬の野菜でOKです。彩り良く、華やかに。レーズンを入れても美味。

◎ **材料**（1人分）

鶏ささ身	100g
にんじん	大 1/3 本
ズッキーニ	1/3 個
ミニトマト	5 個
グレープフルーツ	1/2 個
A ┌ カリフラワー	中 1/4 個
├ 菜の花	4 束
├ ブロッコリー	中 1/4 個
└ オクラ	1 本
フレンチドレッシング（市販）	適量

1 鶏ささ身は塩茹で後2、3cmにさく。

2 にんじんはピューラーで千切り、ズッキーニは縦半分に切り斜め切り、グレープフルーツは皮をむいて2cm位に割る。

3 **1**と**2**を半カップのドレッシングで和えておく。

4 **A**の野菜は塩茹でしておく。

5 皿の真ん中に**3**を盛り、**4**を周りに飾り、ドレッシングをかける。

冷や汁

魚をグリルに入れてから野菜を切ると時短に。

◎ 材料（1人分）

冷ご飯	50g
干し魚(あじ、カマス他)	半身
きゅうり	½本
ミョウガ	1本
大葉	2枚
茄子	1本
トマト	小1個
豆腐	½丁
味噌	大さじ1
すり胡麻	適量

1 魚は焼いてほぐしておく。
2 きゅうりは半月にスライスし、塩もみして洗う。ミョウガ、大葉は千切り。
3 茄子は半月にスライスして、電子レンジに1分かけた後、水洗いをする。
4 鍋に味噌を溶かし、1の魚を入れ、豆腐を手でつぶしながら入れ冷やす。
5 丼にご飯を盛り、2と3の野菜を円形に飾り、トマトを中心に盛る。
6 5に4を注いですり胡麻をかける。

POINT ご飯も野菜も好みの量で

納豆サラダ

忙しい朝は、この一皿でお腹いっぱいに。

◎ 材料（1人分）

レタス	½玉
納豆	1パック
浅葱	適量
きゅうり	½本
ミョウガ	2本
鰹節	適量
マヨネーズ	少々
ポン酢	適量

1 ミョウガ、浅葱は粗みじん切り、きゅうりは縦半分にし薄切りにする。
2 ガラスボウルに、レタスをちぎり入れ、納豆は少し混ぜて乗せる。
3 きゅうり、浅葱、ミョウガの順に乗せ、鰹節、マヨネーズ、ポン酢の順にかける。

Recipe 32

林檎、そうめんが箱にいっぱい

大量の到来ものに困ったら

箱で届いたいただきもの。同じ食べ方では飽きてしまうので、いつもとはちょっと違う料理で楽しみましょう。めんつゆは色んなバリエーションで。うどんでも OK です。

⏳ 各約 **15** 分

レーズン煮を火にかけたら、そうめんの湯を沸かし、三種のつゆを作って冷蔵庫へ。その後サラダうどんに。

3 品で使う主な食材

野菜	林檎　さつまいも　レーズン　枝豆　オクラ　きゅうり　レタス　トマト　ミョウガ　生姜
その他	無塩トマトジュース　豆乳　そうめん　うどん　めんつゆ

そうめん三種汁

そばの時はそばつゆで割ると合いますが、無ければ冷蔵庫にあるつゆで。

◎材料(4人分)
そうめん……………… 300g
2倍濃縮めんつゆ… 各1カップ
無塩トマトジュース缶…… 2本
枝豆…………………… 200g
豆乳………………… 200ml

1. 豆乳とトマトジュースはめんつゆで割って良く冷やす。
2. そうめんは茹でて、よく揉み洗いしたら、氷水に放し水切りする。
3. 枝豆を茹で、豆を取り出し、めんつゆと一緒にミキサーにかける。

林檎とさつまいものレーズン煮

アルミホイルを落とし蓋にすると上手く煮られます。焦げないように気を付けて。

◎ 材料(4人分)

林檎	5個
さつまいも	中5個
レーズン	100g
三温糖	50g

1. 林檎は皮をむき、縦に4等分した後1つずつ芯を取り、斜め半分に切る。
2. さつまいもは皮をむき一口大に切る。
3. 鍋に1と2を入れ、水1カップと三温糖を加え、さつまいもに串が通り、林檎が透明になったらレーズンを入れる。

POINT

三種汁は市販のめんつゆを使って簡単アレンジ。

サラダうどん

乾麺タイプの細うどんは冷たいメニューにぴったり。

◎ 材料(4人分)

うどん	200g
オクラ	4本
きゅうり	1本
レタス	½玉
トマト	1個
ミョウガ	4本
おろし生姜	適量
A ┌ シーザードレッシング	大さじ3
└ ポン酢	大さじ3

1. オクラは沸騰した湯に入れて直ぐに上げ、薄く斜め切りにする。
2. ミョウガ、きゅうりは縦半分にし斜め切り、トマトは縦8等分にカットし、レタスは荒くちぎる。
3. うどんは茹でてよく揉み洗いし、氷水に放し水切りする。
4. ガラス鉢に3を入れ、レタスを多めに盛り、ミョウガ、きゅうり、トマトを盛って真ん中に生姜を置く。
5. Aを混ぜ合わせかける。

そうめん三種汁／林檎とさつまいものレーズン煮／サラダうどん

Recipe 33

お雑煮に飽きたら…

餅活用術

お正月が過ぎても余っているお餅。ブランチにもおやつにも、夕食のおかずにも登場させて早く使い切りたい。皆の顔がそろったら、色々と試してみましょう。

⏳ 各約 **30** 分

グラタンの焼く準備をしたらピザ用の餅を少し焼く。グラタンをオーブンに入れピザ風のトッピングと炒めものの野菜を切る。グラタンが焼けたらピザをオーブンへ。

3品で使う主な食材

肉・魚	ハム(塊)　シラス　明太子
野菜	じゃがいも　玉ねぎ　エリンギ　えのき　しめじ　ピーマン　トマト　キャベツ　もやし　にんじん　にんにく
その他	餅　とろけるチーズ　牛乳　ピザソース　XO醤

餅のマッシュポテトグラタン

餅は時間の経過とともに固くなるので、食べる直前に焼き始めましょう。

◎材料(4人分)

餅	8個
じゃがいも	5個
ハム(塊)	100g
玉ねぎ	1個
とろけるチーズ	適量
オリーブオイル	適量
エリンギ	1パック
えのき	1パック
しめじ	1パック
牛乳	40ml
塩胡椒	少々

1 じゃがいもは茹でて皮をむき、鍋に牛乳を入れて塩胡椒をし、じゃがいもが熱いうちに潰しながらマッシュポテトを作る。

2 ハムは拍子切りにし玉ねぎはスライス、エリンギは石づきを取り、横半分に切りほぐす。しめじは石づきを取りほぐす。

3 フライパンにオリーブオイルを入れ、**2**を炒め塩胡椒をする。

4 オーブン皿に、軽く焼いた餅を並べ、**3**をかけ、**1**のポテトを万遍なく敷き、とろけるチーズを乗せ、230℃のオーブンで20分焼く。

餅のピザ風

餅を少し焼いて平たくすると材料が乗せやすいです。その上に好きな食材をトッピング。

◎ 材料（4人分）

餅（丸餅でも角餅でも可）		8個
ピザソース		適量
A	ハム	2枚
	玉ねぎ	半個
	ピーマン	1個
	トマト	中1個
	とろけるチーズ	適量
B	シラス	適量
	にんにく	1片
	しめじ	半パック
C	明太子	1腹
	じゃがいも	1個
	マヨネーズ	適量

1 玉ねぎはスライスし、ハムは粗い千切り、ピーマンは輪切りにし、トマトは薄く半月切りにする。

2 (A) 少し焼いた餅をスプーンの背で伸ばし、ピザソース、玉ねぎ、ピーマン、トマト、チーズの順に重ね230℃のオーブンで8分焼く。

3 (B) 少し焼いた餅をスプーンの背で伸ばし、シラスとにんにくのスライス、しめじをほぐしたものを重ね、230℃のオーブンで10分焼く。

4 (C) 少し焼いた餅をスプーンの背で伸ばし、茹でたじゃがいもを重ね、マヨネーズで和えた明太子を乗せて、230℃のオーブンで5分焼く。

餅入り野菜のXO醤炒め

XO醤がない時は醤油を代用しても美味しいです。

◎ 材料（4人分）

キャベツ	¼玉
もやし	100g
にんじん	5cm
玉ねぎ	½個
餅	8個
XO醤	大さじ2
だしの素	大さじ1
オリーブオイル	適量

1 キャベツはザク切り、にんじん、玉ねぎは細切りにする。

2 フライパンにオリーブオイルを入れ、1を炒め、塩胡椒、XO醤で味付けする。

3 餅を焼き、その上に2をかぶせ、餅がしなっとなったら出来上がり。

Recipe 34

使いきれなかった乾物も？

冷蔵庫の余りもので

いつまでも冷蔵庫の奥で眠っている乾物はありませんか？
いつもの煮物は目先を変えてサラダや漬物にすると箸休めになりますよ。

⏳ 約 **60** 分

千切大根を水で戻し、昆布をカットする。ひじきを水で戻し、野菜を刻む。冬瓜の皮をむき、春雨を湯で戻す。

3品で使う主な食材

野菜	きゅうり　にんじん　水菜　玉ねぎ　冬瓜　生姜　千切大根　にんにく
その他	ひじき　さつま揚げ　春雨　鷹の爪　干し昆布　ジンジャーエール

ひじきのサラダ

白身のさつま揚げを選ぶと見た目がきれいです。蒲鉾でも代用可能ですよ。

1 ひじきは水で戻してよく洗い、さつま揚げと一緒に熱湯をかけて冷ましておく。

2 きゅうり、にんじん、玉ねぎは千切りにし、水菜は2cmに切って、さつま揚げは短冊切りにする。

3 **1**と**2**をよく和えて、**A**を混ぜたものをかける。

◎ 材料（4人分）

ひじき	200g
きゅうり	1本
にんじん	½本
水菜	½束
玉ねぎ	½個
さつま揚げ	1枚
A［フレンチドレッシング	適量
ポン酢	大さじ1

冬瓜の春雨煮

冬瓜は煮崩れしやすので、
5、6センチに切りましょう。

◎ **材料**(4人分)

冬瓜	400g
春雨	100g
生姜	3㎝
にんにく	2片
鷹の爪	1本
A 醤油	30㎖
みりん	大さじ3
だしの素	大さじ2
胡麻油	大さじ3

1. 春雨は湯に浸して戻す、にんにくと生姜はみじん切り。
2. 冬瓜は皮をむき、ワタを取り大きめの乱切りにする。
3. 鍋に胡麻油と鷹の爪を入れ、にんにくと生姜を炒め 2 を入れて水をひたひたになるまで入れ、**A** を加えて煮る。
4. 冬瓜に串が通ったら、湯を切った春雨を入れて、ひと煮立ちする。

千切大根のハリハリ漬け

昆布ははさみで切ると簡単です。常備菜としても活躍。

◎ **材料**(4人分)

千切大根	300g
干し昆布	適量
A 醤油	30㎖
みりん	大さじ2
鷹の爪	3本
酢	30㎖
ジンジャーエール	20㎖

1. 千切大根はよく洗い、30分水に漬けて絞っておく。
2. 昆布を軽く水洗いし、2、3cm の細切りにする。
3. 鍋に **A** を入れ、沸騰させて冷ましておく。
4. 密閉容器に **1**、**2**、**3** を入れて漬ける。

ひじきのサラダ／冬瓜の春雨煮／千切大根のハリハリ漬け

Recipe 35

しばらく食べられないかも…

外国赴任前夜に食べたい

明日から海外赴任。向こうでは、なかなか味わえない料理で見送りたい。外国に行ったらきっと恋しくなる味ばかりの三品。すき焼きをメインに日本の味を。

 約60分

すき焼きの野菜を切って皿に盛ったら、半日干す。いかの下処理をしてホイルに乗せる。里芋を茹で、茹で上がったらすぐ潰し、ネギと和える。

3品で使う主な食材

肉・魚	すき焼き肉　いか
野菜	長ネギ　春菊　白菜　椎茸　しめじ　エリンギ　玉ねぎ　里芋　浅葱
その他	白滝　卵　うどん　バター

お助けメニュー——外国赴任前夜に食べたい 35

すき焼き

すき焼きの野菜を干すことで、煮る時に早くやわらかくなります。干す時は鳥よけに網をかぶせておくと良いでしょう。

◎ **材料（4人分）**

すき焼き肉		500g
長ネギ		2本
春菊		1束
白滝		2袋
白菜		1/4株
卵		4個
うどん		2袋
A	三温糖	適量
	醤油	適量

1 長ネギは5cm位の斜め切り、春菊は洗って根元を切り落とし、白菜は5cm位に短冊切りに。全て大皿に入れて半日天日に干す。白滝は洗って10cmに切る。

2 卵はそれぞれの小皿に割りほぐしておく。

3 すき焼き鍋を熱し、牛脂を入れ、肉の両面を焼く。三温糖小さじ1くらいを乗せ、醤油をかけて**2**に浸けて食す。その後、**1**を入れて三温糖、醤油を加え煮る（**A**に変えて、市販の割り下を使うのも可）。

おすすめは焼酎。市販の割り下で煮ればすき煮に。醤油と砂糖で今日はすき焼き。

POINT

すき焼き／するめいかのワタ焼き／里芋と浅葱和え 113

するめいかの ワタ焼き

ワタを使うので、なるべく新鮮ないかを選びましょう。

◎ 材料（4人分）

いか	1杯
椎茸	1枚
しめじ	½パック
玉ねぎ	¼個
バター	10ml
塩胡椒	少々
エリンギ	1本
アルミホイル	30cm

1. 新鮮ないかの腹を外し、身は皮が付いたまま輪切り。足は2本ずつに切ってワタは薄皮を取っておく。
2. 椎茸は石づきを取り、十字に包丁を入れる。しめじは石づきを取ってほぐし、エリンギは広めの短冊切りにして、玉ねぎはスライスする。
3. アルミホイルの上に玉ねぎを並べ、いかの姿のまま横たえ、いかの味噌を乗せ、上にエリンギ、しめじ、椎茸の順に重ねる。
4. バターを手でちぎりながら加え、その上に塩胡椒をして、アルミホイルの半分を持ち上げ3回折りたたみ、横も折りたたみ、フライパンで15分焼く。

里芋と浅葱和え

里芋の粗熱で浅葱がしっとりなじみます。

◎ 材料（4人分）

里芋	300g
浅葱	1束
だしの素	大さじ3

1. 里芋はたっぷりの水で茹でて温かいうちに潰す。
2. 浅葱は3cmに切る。
3. 鍋に **1** と **2** を入れて、だしの素を入れてよく混ぜる。

Recipe 36

> せっかくの大漁。余さずさばいて食卓に…

釣り人の釣果のあった日

新鮮な魚が届いた日には、まずはお刺身で。残りはちょっと工夫して。難しそうなアクアパッツァは、実は焼き魚や煮魚よりも簡単なのでおすすめです。

⏳ 各約 **30**分

鰯の下処理をして詰め物を合わせる。鯛の鱗を取って切り身にし、シードルの準備をする。魚のはらわただけ取り除き、にんにくなどを刻む。

3品で使う主な食材

肉・魚	スズキor鯛　鰯　イシモチ　あさり
野菜	玉ねぎ　林檎　バジル　ミニトマト　にんにく
その他	シードル　パン粉　卵　とろけるチーズ　鷹の爪

スズキor鯛のシードル煮／鰯の詰め物／簡単アクアパッツァ

115

スズキ or 鯛のシードル煮

大きいサイズだったら半分はお刺身、半分はシードル煮で。

◎ **材料(4人分)**

スズキ or 鯛	4切れ
林檎	2個
あさり	300g
玉ねぎ	1個
コンソメキューブ	1個
塩胡椒	適量
シードル	50㎖

1 林檎は芯を抜いて皮をむき、3cmの厚さに輪切りに。オリーブオイルでソテーし、シードルを入れて煮る。

2 鍋にオリーブオイルを入れ、塩胡椒した魚を焼き色がつくまで焼く。

3 一度魚を取り出し、その鍋でみじん切りにした玉ねぎを色がつくまで炒め、あさりと300mlの水とブイヨンを入れ、あさりの口が開くまで煮る。

4 3に1を加えて2を戻し、温めたら出来上がり。

やはり魚には白ワイン。
POINT

鰯の詰め物

10cmサイズのいかでも代用可能です。

◎材料(4人分)

鰯	4匹
A ┌ パン粉	200g
├ 卵	2個
├ 玉ねぎ	1個
├ バジル	適量
├ とろけるチーズ	適量
├ 塩	小さじ1
└ 胡椒	適量

1. 鰯は手で開き骨を取る。
2. ボウルにAを入れ、手で混ぜて塩と胡椒をふり、鰯の腹に詰める。
3. オーブン皿に並べ、250℃のオーブンで20分以上焼く。

簡単アクアパッツァ

なるべく大きなフライパンで身が崩れないよう注意して。

◎材料(4人分)

イシモチ	1匹
にんにく	大3片
塩胡椒	適量
オリーブオイル	適量
バジル	適量
ミニトマト	10個
あさり	100g
鷹の爪	2本

1. 魚は鱗を取ってはらわたを出し、よく洗ってから塩胡椒をふる。
2. フライパンにみじん切りしたにんにくを入れ、1の片面を焼く。焦げ目がついたらひっくり返し、水をひたひたに入れる。
3. 2にあさりとトマトを入れ片面に火を通し、あさりの口が開いたら塩胡椒で味を調えバジルの葉をちらす。

白身魚の切り身でも可。 POINT

スズキor鯛のシードル煮／鰯の詰め物／簡単アクアパッツァ

とみしまのご紹介

毎年行われるゴルフコンペ「とみしま会」は、平成30年で第40回を迎えます（イラスト 野田禎造）

常連客に愛されて40年
ほっと寛げるオアシス、「とみしま」

下町風情漂う日本橋蛎殻町。安産・子授けで知られる水天宮の斜向かい、どこか温もり感じる木製の扉を開けば、「Dining Bar とみしま」の富島恵子さんがいつも変わらない笑顔で迎えてくれます。人形町にあったお店を一旦クローズし、平成23年に一人でも切り盛り出来るこちらへ移転。カウンター10席の店内は、日本橋の旦那衆から近隣に勤めるビジネスマン、ママを慕う若い女性客の笑い声が響きあっています。ここで出会い結ばれたカップルもいるのだそう。昭和53年のオープン以来、40年にわたってこの街で愛されてきました。

休日は、ゴルフにスポーツクラブに英会話にと活動的な富島さん。常連客のリクエストより始まったボランティアの料理教室も三年を迎え、この一冊の本にまとめました。

日本橋の旦那衆にも愛される店

「とみしま」のママとはもう40年近くの付き合いになります。お店が移転する前の鉄板焼き店へはよく日本橋の旦那衆や女将衆と行っていましたが、今の店も気に入っています。夜遅くまで開いているので、私の店が終わった後に一杯飲みながら打ち合わせをしたりするのにちょうど良いんです。よく待ち合わせの場所としても利用させていただいています。日本橋の老舗の旦那衆にも通っている人が多いですよ。ママが"下町のお母さん"という感じで気さくな人だから、気持ちよく飲めるのだと思います。広島出身のママが作るお好み焼きやトンペイ焼きは私の周りでもファンが多いですね。

うちの店にもよく食べに来てくれるんですが、感心してしまうのは、倅（五代目の亨さん）の話を少し聞いただけで、その料理を自分のものにしてしまうところ。日頃から料理の研究を怠らないママならではの特技だといえるのではないでしょうか。

橋本 敬 さん

文久3年(1863)創業の割烹「日本橋とよだ」の4代目当主。日本橋地域ルネッサンス100年計画委員会会長を務め、日本橋の地域活性化に取り組んでいる。その他、名橋日本橋保存会副会長、全国料理業組合連合会相談役なども兼任。

「とみしま」の歴史・1

昭和53年(1978) 日本橋人形町交差点近くに「とみしま」オープン。エレクトーンの生演奏と共にお酒を愉しめた。

私ととみしま

私ととみしま

阿野 鉱二 さん

1948年生まれ。大阪府出身。早稲田大学在学中、東京六大学リーグにて2度の優勝を経験し、70年読売ジャイアンツに入団。翌年より捕手として一軍出場。王貞治、長嶋茂雄らと共にV9時代を経験した。76年の引退後はコーチとしてチームを支え、考案したストレッチやトレーニング法は今でも多くのチームに採用されている。現在、スチールエンジ株式会社相談役、ビーアーム株式会社取締役会長を兼任。

料理が繋いでくれた縁

　昭和45年に読売ジャイアンツに入団してから、試合で広島に行くたびにチームメイトと広島焼きの店に通っていたんですが、「東京にも美味い店があるぞ」と聞きつけて訪ねたのが「とみしま」でした。以来20年以上通っています。

　ふらっと一人でという時もあれば、飲み会の後に何人かで行く時も。どれだけ食べて訪れてもママが作る広島焼きはすんなり胃袋に収まっちゃう。「デザート感覚なんでしょ」なんて、同い年のママにはからかわれています（笑）

　私はビールの後はウィスキーなんですが、黙っていても料理を出してくれる。しかも和食・洋食・イタリアンとバリエーション豊かで、どれも美味しい。行くたびに違う料理を食べられるのが楽しみなんです。

　一人で行った時も誰かしら知り合いがいて、お互い何をしているか知らないけど、楽しく交流できる。それはひとえにママの人柄ですね。大学の先輩と偶然出会えたり、大学時代の親友の娘がママの料理教室に通っていたり。嬉しいご縁もたくさんいただき、今ではママが主催するゴルフコンペ「とみしま会」も私がアレンジさせていただいています。これからもますますお元気に、美味しいものを作っていただいて、一人でも多くの人に幸せを届けて下さい。

「とみしま」の歴史・2

昭和55年(1980) 二号店「鉄板焼とみしま」をオープン。故郷広島のお好み焼きをメニューに加えた。平成6年(1994)「とみしま」と「鉄板焼とみしま」が一つに。

スペイン産ワインとも相性良い料理

「とみしま」へ初めて訪れたのが、4、5年前。スポーツジムの帰りにふらっと立ち寄ったんです。すると顔見知りの方もいらっしゃって、それから時々お邪魔するようになりました。

何といってもママ特製の味噌「青唐味噌」は素晴らしい。私は、スペイン料理店を経営しており、スペイン人も連れてきますが、彼らも「青唐」をたいへん気に入っていますよ。西洋料理ではソースが重要ですが、「青唐味噌」はそれに匹敵すると思います。得意分野だけではない、全ての料理や調理法に精通していないと、あの味は出せないのではないでしょうか？

日本では、ヨーロッパ料理と言えばフランス料理やイタリア料理が主流ですが、私はスペインを加えた三カ国がヨーロッパを代表する料理だと考えます。もともと輸入業を営んでおり 35 年以上にわたって日本でスペインの食文化を広めたく活動してきました。今ではスペイン産ワインはもちろん、450 種類のお酒と、チーズやイベリコ豚などスペイン産の食材を専門に販売するショップも経営しています。その功績が認められ、3 年前にスペイン国王より文化功労賞をいただきました。とみしまでもうちのワインを置いてもらっていますよ。また、勉強熱心なママは、弊社で開催しているスペイン料理の教室にも通って、ジャンルにとらわれることなく様々な料理の腕を上げていらっしゃいます。

松井 宏祐 さん

株式会社サス、株式会社スペインクラブ代表取締役。スペイン各地のワインや食材を輸入販売。レストラン、バル、直営スペイングルメショップ、オンラインショップを通じ、約 300 種類もの良質でリーズナブルなスペインワインとスペイン料理を提供。

「とみしま」の歴史・3

平成 20 年（2008）青唐味噌の販売開始。当初は山梨にある友人の畑で育てていた青唐辛子を使っていた。口コミで評判が広がり 1,000 個販売した月もあるという。

私ととみしま

私ととみしま

小正 芳史さん

明治16年(1883)に創業の酒蔵・小正醸造株式会社代表取締役会長。鹿児島県中小企業団体中央会会長、全国中小企業団体中央会副会長も務める。小正醸造では「さつま小鶴」をはじめ焼酎、ウィスキー、ジン、リキュールを製造。香港IWSC、インターナショナル・スピリッツ・チャレンジなど、世界的に権威ある賞を受賞している。

温かく包み込まれるような"東京の味"

「とみしま」に初めて伺ったのは3、4年くらい前でしょうか。実は、東京に来た時の定宿が目の前で、店構えを見てなんとなく入ってみたくなったんですよね。仕事や業界の会合などで多い時には毎週東京に来ているのですが、時間さえ合えばとみしまに通っています。

ママの料理はどれも美味しいのですが、最近食べた中で特に印象に残っているのが「桃とトマトの冷製パスタ」。初めは意外な組み合わせに思いましたが、酸味と甘みのバランスが絶妙で、これが殊の外美味しかった!

私は鹿児島で明治16年に創業した酒造を営んでおり、2017年には、焼酎の「メローコヅル 磨」が香港インターナショナル・ワイン&スピリッツ・コンペティション(香港IWSC)で最高賞を受賞しました。ありがたいことに、私が通うようになってからはうちの焼酎やウイスキー、ジンを置いていただいております。手前味噌ですが、焼酎が素晴らしいのは、和食に洋食、合わせる料理を選ばないところだと思います。とみしまを訪れた際には、お料理と一緒にお試しになってみて下さい。

「とみしま」の歴史・4

平成23年(2011)4月。こじんまりと1人で賄える店「とみしま」を蛎殻町水天宮近くにオープン。

人には教えてこなかった"東京の隠れ家"

とみしまママについて

7〜8年前の明治座公演の時、公演後にテレビの取材が入っていたので自宅に帰らずに劇場の近くに泊まることになりました。生放送を終え戻ってくると、ホテルの周りの飲食店はほとんど閉まっていました。そんな中、ふと目に留まったのが「とみしま」でした。なんとなく温かそうな店だなと思ってのぞいてみたんです。

入ってみると、思った通り、家庭的な温かい雰囲気でした。来ているお客様も昔からの常連さんが多く、まるで実家に帰ってくるかのような感じでママさんに会いに来ていました。どの料理も美味しいですが、野菜スティックにお手製の「青唐味噌」が添えてあるものは、野菜が苦手な僕もおかわりするくらい気に入っています。これがまた、ご飯や豆腐、焼いた肉にも合うんです。おにぎりにするのもいいですね。この料理は何度かテレビでも紹介させていただきました。

その後も明治座公演があると、時々寄らせていただいています。僕の隠れ家なので、これまで他の人には教えていませんでした。お店の常連さん達とすぐ仲良くなれる雰囲気があって、毎回新しい出会いがある楽しいお店です。

梅沢 富美男 さん

1950年生まれ。大衆演劇「梅沢富美男劇団」座長。20代半ばで舞踊ショーの女形が話題となり、一躍大衆演劇界のスターに。舞台では二枚目から三枚目、女形まで幅広い役をこなし、脚本・演出・振付も手掛ける。1982年には『夢芝居』が大ヒットする。他、俳優やタレント、歌手として多数のメディアに出演。青森県西津軽郡深浦町「深浦町観光特使」、同県南津軽郡藤崎町「ふじりんごふるさと応援大使」、福島県「しゃくなげ大使」なども務める。

「とみしま」の歴史・5

来店客の声より始まった料理教室は、生徒の結婚で一度は終了したが、別の客の声に応え、平成27年6月〜30年7月まで開催。月に一度、様々なシチュエーションをテーマに3品の献立を提案。

素材別索引

〈肉・食肉加工品〉

ウインナー・ソーセージ
新じゃがとブロッコリーのクリーム焼き … 16
ザワークラウトとソーセージ
ベーコン炒め …………………… 33

牛肉
牛サーロインと新たけのこと
菜の花 バルサミコソース ……… 25
牛肉のトマト炒め ……………… 46
串揚げ ……………………………… 59
牛肉のサラダ ……………………… 93
乳和食の肉豆腐 …………………… 96
すき焼き …………………………… 113

七面鳥
ターキー …………………………… 71

砂肝
砂肝のアヒージョ ………………… 103

鶏肉
鶏手羽と小じゃがのローズマリー焼き … 11
鶏ささ身のグレープフルーツ和え … 19
パングラタン ……………………… 21
栗と根菜の炒り煮 ………………… 29
チキンレモン ……………………… 30
鶏汁のつけそば …………………… 47
具だくさんのにんにくスープ … 49
鶏手羽と新じゃがの酢煮 ……… 63
パエリア …………………………… 78
ドライ杏と鶏手羽のワイン煮 … 79
コールドチキンと夏野菜の棒棒鶏 … 85
参鶏湯 ……………………………… 88
野菜のフルーツ和え ……………… 104

生ハム
レタスと生ハムのレンジ蒸し … 31
新じゃがと林檎のクリーム焼き … 64

ハム
チコリのハム・チーズ乗せ …… 13
豆腐と野菜のクリーム焼き … 19
田舎風オムレツ …………………… 28
きのこのファルシー ……………… 34
スペインオムレツ ………………… 36
簡単コルドンブルー ……………… 50
パスタサラダ ……………………… 72
餅のマッシュポテトグラタン … 108
餅のピザ風 ………………………… 109

ひき肉
茄子のミルフィーユ ……………… 12
ジョナサンスープ(チリコンカン) … 90
冬瓜の鶏あんかけ ………………… 97

豚肉
かぼちゃのレンジ蒸し …………… 18
うどんのグラタン ………………… 20
ソパ・デ・アホ(スペイン風
にんにくスープ) ……………… 21
スペアリブ ………………………… 24
豚ヒレ肉のハンガリーソース … 24
トンペイ焼き ……………………… 40
ネギ焼き …………………………… 40
ソバ入りお好み焼き ……………… 41

簡単コルドンブルー ……………… 50
ボイル豚 …………………………… 52
豚ヒレ肉ときのこのマーマレード
焼き マッシュポテト添え …… 56
パエリア …………………………… 78
ボイルポークのバーモントソース … 79
豚ロースのカバフルーツ和え … 99

ベーコン
ザワークラウトとソーセージ
ベーコン炒め …………………… 33
ごぼうのキッシュ ………………… 53
金時豆とベーコンのトマト煮 … 87

〈魚介・魚介加工品〉

青魚(さんま、あじ、さば)
青魚のサラダ ……………………… 16
ビビラーナ ………………………… 55

あさり
パエリア …………………………… 78
スズキ or 鯛のシードル煮 …… 116
簡単アクアパッツァ ……………… 117

アンチョビ
アンチョビブロッコリー ………… 34
温野菜のバーニャカウダ ………… 69
ペペロナータ ……………………… 81
春キャベツとアンチョビの
ペペロンチーノ ……………… 102

いか
パエリア …………………………… 78
いか大根 …………………………… 84
するめいかのワタ焼き ………… 114

イシモチ
簡単アクアパッツァ ……………… 117

鰯
鰯の詰め物 ………………………… 117

海老
シーフードマリネ ………………… 53
手巻き寿司 ………………………… 58
串揚げ ……………………………… 59
エッグチーズスフレ ……………… 65
春のちらし寿司 …………………… 68
パエリア …………………………… 78

鰹
鰹のカルパッチョ風 ……………… 69

カニ缶
カニ缶の茶碗蒸しコリアンダー乗せ … 62

かまぼこ
きのこの白和え …………………… 84

さつま揚げ
ひじきのサラダ …………………… 110

シラス
春のちらし寿司 …………………… 68
餅のピザ風 ………………………… 109

スズキ
スズキ or 鯛のシードル煮 …… 116

するめいか
シーフードマリネ ………………… 53
花豆とするめいかのイタリアン炒め … 81

鯛
鯛そうめん ………………………… 58
スズキ or 鯛のシードル煮 …… 116

たこ
シーフードマリネ ………………… 53
パエリア …………………………… 78

ツナ缶
ビビラーナ ………………………… 55

ぶり
ぶりの山芋あんかけ ……………… 96

ホタテ
パエリア …………………………… 78

ムール貝
シーフードマリネ ………………… 53
パエリア …………………………… 78

明太子
餅のピザ風 ………………………… 109

〈野菜・野菜加工品〉

浅葱
里芋ときのこの混ぜご飯 ………… 15
鯛そうめん ………………………… 58
鰹のカルパッチョ風 ……………… 69
かぼちゃのスープ ………………… 91
ぶりの山芋あんかけ ……………… 96
ぶどうの白和え …………………… 98
納豆サラダ ………………………… 105
里芋と浅葱和え …………………… 114

アスパラガス
串揚げ ……………………………… 59
エッグチーズスフレ ……………… 65

アボカド
アボカドディップ ………………… 31
温野菜サラダ(ヤンニョムジャン
ソースかけ) …………………… 63

いんげん
具だくさんのにんにくスープ … 49
パエリア …………………………… 78

エシャレット
ボイル豚 …………………………… 52
かぼちゃのスープ ………………… 91

大葉
簡単コルドンブルー ……………… 50
冷や汁 ……………………………… 105

オクラ
寄せ豆腐のあんかけ ……………… 10
野菜のフルーツ和え ……………… 104
サラダうどん ……………………… 107

かぼちゃ
かぼちゃのレンジ蒸し …………… 18
温野菜のバーニャカウダ ………… 69
かぼちゃのスープ ………………… 91

かんぴょう
春のちらし寿司 …………………… 68

きのこ
簡単たけのこご飯 ………………… 11
里芋ときのこの混ぜご飯 ………… 15
豆腐と野菜のクリーム焼き …… 19
うどんのグラタン ………………… 20

豚ヒレ肉のハンガリーソース……24
栗と根菜の炒り煮……29
チキンレモン……30
きのこのファルシー……34
鶏汁のつけそば……47
豚ヒレ肉ときのこのマーマレード
焼き マッシュポテト添え……56
串揚げ……59
きのこの白和え……84
きのこの豆腐あんかけ……93
ぶどうの白和え……98
砂肝のアヒージョ……103
しめじにんにく……103
餅のマッシュポテトグラタン……108
餅のピザ風……109
するめいかのワタ焼き……114

カリフラワー
野菜のフルーツ和え……104

キャベツ
ザワークラウトとソーセージ
ベーコン炒め……33
ソバ入りお好み焼き……41
具だくさんのにんにくスープ……49
簡単コルドンブルー……50
春キャベツとアンチョビの
ペペロンチーノ……102
餅入り野菜のXO醤炒め……109

きゅうり
青魚のサラダ……16
アボカドディップ……31
ピピラーナ……55
温野菜のバーニャカウダ……69
パスタサラダ……72
コールドチキンと夏野菜の棒棒鶏……85
牛肉のサラダ……93
冷や汁……105
納豆サラダ……105
サラダうどん……107
ひじきのサラダ……110

高麗にんじん
参鶏湯……88

コーン
エッグチーズスフレ……65

ごぼう
簡単たけのこご飯……11
栗と根菜の炒り煮……29
ごぼうのキッシュ……53
根菜の梅干しスープ……91

小松菜
寄せ豆腐のあんかけ……10

こんにゃく
簡単たけのこご飯……11
きのこの白和え……84
ぶどうの白和え……98

さつまいも
林檎とさつまいものレーズン煮……107

里芋
里芋ときのこの混ぜご飯……15
根菜の梅干しスープ……91

里芋と浅葱和え……114

さやいんげん
簡単たけのこご飯……11
栗と根菜の炒り煮……29
春のちらし寿司……68
乳和食の肉豆腐……96

じゃがいも
鶏手羽と小じゃがのローズマリー焼き……11
新じゃがとブロッコリーのクリーム焼き……16
田舎風オムレツ……28
スペインオムレツ……36
具だくさんのにんにくスープ……49
豚ヒレ肉ときのこのマーマレード
焼き マッシュポテト添え……56
温野菜サラダ(ヤンニョムジャン
ソースかけ)……63
鶏手羽と新じゃがの酢煮……63
新じゃがと林檎のクリーム焼き……64
温野菜のバーニャカウダ……69
ターキー……71
かぼちゃのスープ……91
餅のマッシュポテトグラタン……108
餅のピザ風……109

春菊
すき焼き……113

白滝
鶏手羽と新じゃがの酢煮……63
すき焼き……113

ズッキーニ
カポナータ……37
ジョナサンスープ(チリコンカン)……90
野菜のフルーツ和え……104

セルフィーユ
ボイル豚……52

セロリ
カポナータ……37
ボイル豚……52
温野菜のバーニャカウダ……69
ターキー……71
ボイルポークのバーモントソース……79
コールドチキンと夏野菜の棒棒鶏……85
ジョナサンスープ(チリコンカン)……90
豚ロースのカバフルーツ和え……99
柿とセロリのサラダ……99

千切大根
千切大根のハリハリ漬け……111

大根
青魚のサラダ……16
鶏ささ身のグレープフルーツ和え……19
栗と根菜の炒り煮……29
いか大根……84
根菜の梅干しスープ……91

タイム
スペアリブ……24

たけのこ
簡単たけのこご飯……11
牛サーロインと新たけのこと
菜の花 バルサミコソース……25

玉ねぎ
豆腐と野菜のクリーム焼き……19
うどんのグラタン……20
パングラタン……21
豚ヒレ肉のハンガリーソース……24
田舎風オムレツ……28
きのこのファルシー……34
スペインオムレツ……36
カポナータ……37
牛肉のトマト炒め……46
具だくさんのにんにくスープ……49
ボイル豚……52
シーフードマリネ……53
ピピラーナ……55
ターキー……71
パスタサラダ……72
ドライ杏と鶏手羽のワイン煮……79
ボイルポークのバーモントソース……79
金時豆とベーコンのトマト煮……87
ジョナサンスープ(チリコンカン)……90
かぼちゃのスープ……91
きのこの豆腐あんかけ……93
乳和食の肉豆腐……96
冬瓜の鶏あんかけ……97
豚ロースのカバフルーツ和え……99
餅のマッシュポテトグラタン……108
餅のピザ風……109
餅入り野菜のXO醤炒め……109
ひじきのサラダ……110
するめいかのワタ焼き……114
スズキ or 鯛のシードル煮……116
鰯の詰め物……117

チコリ
チコリのハムチーズ乗せ……13

つる紫
寄せ豆腐のあんかけ……10

冬瓜
コールドチキンと夏野菜の棒棒鶏……85
冬瓜の鶏あんかけ……97
冬瓜の春雨煮……111

トマト
寄せ豆腐のあんかけ……10
ソパ・デ・アホ(スペイン風
にんにくスープ)……21
アボカドディップ……31
カポナータ……37
牛肉のトマト炒め……46
ボイル豚……52
シーフードマリネ……53
桃とトマトの冷製パスタ……55
ピピラーナ……55
温野菜のバーニャカウダ……69
クリスマスツリー……72
コールドチキンと夏野菜の棒棒鶏……85
茄子とトマトのチーズ焼き……92
牛肉のサラダ……93
豚ロースのカバフルーツ和え……99
野菜のフルーツ和え……104
冷や汁……105

素材別索引

素材別索引

サラダうどん …………107
餅のピザ風 …………109
簡単アクアパッツア …………117

トマト缶
金時豆とベーコンのトマト煮 …87
ジョナサンスープ(チリコンカン) …90

トマトジュース
そうめん三種汁 …………106

トマトソース
茄子のミルフィーユ …………12
パエリア …………78

茄子
茄子のミルフィーユ …………12
豆腐と野菜のクリーム焼き …19
カポナータ …………37
茄子とトマトのチーズ焼き …92
冷や汁 …………105

菜の花
牛サーロインと新たけのこと
菜の花 バルサミコソース …25
春のちらし寿司 …………68
野菜のフルーツ和え …………104

にんじん
簡単たけのこご飯 …………11
里芋ときのこの混ぜご飯 …15
青魚のサラダ …………16
うどんのグラタン …………20
田舎風オムレツ …………28
栗と根菜の炒り煮 …………29
具だくさんのにんにくスープ …49
ボイル豚 …………52
温野菜サラダ(ヤンニョムジャン
ソースかけ) …………63
春のちらし寿司 …………68
温野菜のバーニャカウダ …69
パスタサラダ …………72
ボイルポークのバーモントソース…79
きのこの白和え …………84
コールドチキンと夏野菜の棒棒鶏…85
ジョナサンスープ(チリコンカン) …90
根菜の梅干しスープ …………91
きのこの豆腐あんかけ …………93
ぶどうの白和え …………98
豚ロースのカバフルーツ和え …99
野菜のフルーツ和え …………104
餅入り野菜のXO醤炒め …109
ひじきのサラダ …………110

ネギ
ネギ焼き …………40
鶏汁のつけそば …………47
カニ缶の茶碗蒸しコリアンダー乗せ…62
温野菜サラダ(ヤンニョムジャン
ソースかけ) …………63
ボイルポークのバーモントソース…79
参鶏湯 …………88
すき焼き …………113

白菜
すき焼き …………113

バジル
きのこのファルシー …………34
桃とトマトの冷製パスタ …55
花豆とするめいかのイタリアン炒め…81
豚ロースのカバフルーツ和え …99
鰯の詰め物 …………117
簡単アクアパッツア …………117

パセリ
ソパ・デ・アホ(スペイン風
にんにくスープ) …………21
チキンレモン …………30
レタスと生ハムのレンジ蒸し …31

パプリカ
ソパ・デ・アホ(スペイン風
にんにくスープ) …………21
カポナータ …………37
シーフードマリネ …………53
ピピラーナ …………55
パスタサラダ …………72
パエリア …………78
ペペロナータ …………81
ジョナサンスープ(チリコンカン) …90

春雨
冬瓜の春雨煮 …………111

ピーマン
豚ヒレ肉のハンガリーソース …24
餅のピザ風 …………109

ブロッコリー
新じゃがとブロッコリーのクリーム焼き…16
豆腐と野菜のクリーム焼き …19
パングラタン …………21
アンチョビブロッコリー …………34
温野菜サラダ(ヤンニョムジャン
ソースかけ) …………63
温野菜のバーニャカウダ …69
クリスマスツリー …………72
野菜のフルーツ和え …………104

ホワイトアスパラガス
ホワイトアスパラの卵添え …80

水菜
ひじきのサラダ …………110

三つ葉
簡単たけのこご飯 …………11
鶏ささ身のグレープフルーツ和え…19
きのこの白和え …………84

ミョウガ
冷や汁 …………105
納豆サラダ …………105
サラダうどん …………107

もやし
ソバ入りお好み焼き …………41
餅入り野菜のXO醤炒め …109

山芋
ぶりの山芋あんかけ …………96

レタス
レタスと生ハムのレンジ蒸し …31
牛肉のサラダ …………93
納豆サラダ …………105

サラダうどん …………107

蓮根
栗と根菜の炒り煮 …………29
蓮根のポン酢炒り煮 …………46
串揚げ …………59
春のちらし寿司 …………68
根菜の梅干しスープ …………91

ローズマリー
鶏手羽と小じゃがのローズマリー焼き…11
スペアリブ …………24

ローリエ
ザワークラウトとソーセージ
ベーコン炒め …………33
カポナータ …………37
コールドチキンと夏野菜の棒棒鶏…85

〈果物〉

苺
フルーツのヨーグルト和え ………37

苺ジャム
温野菜サラダ(ヤンニョムジャン
ソースかけ) …………63

柿
柿とセロリのサラダ …………99

栗
栗と根菜の炒り煮 …………29
参鶏湯 …………88

グレープフルーツ
鶏ささ身のグレープフルーツ和え…19
クリスマスツリー …………72
野菜のフルーツ和え …………104

ドライ杏
ドライ杏と鶏手羽のワイン煮 …79

梨
豚ロースのカバフルーツ和え …99

パイン缶
フルーツのヨーグルト和え …37
フルーツポンチ …………65

バナナ
バナナケーキ …………13

ぶどう
ぶどうの白和え …………98

マーマレード
スペアリブ …………24
豚ヒレ肉ときのこのマーマレード
焼き マッシュポテト添え …56

みかん缶
フルーツのヨーグルト和え ………37
フルーツポンチ …………65

桃
桃とトマトの冷製パスタ …55
桃のクランブルケーキ …………74
豚ロースのカバフルーツ和え …99

桃缶
フルーツのヨーグルト和え ………37
フルーツポンチ …………65

林檎
新じゃがと林檎のクリーム焼き…64

ボイルポークのバーモントソース…79
林檎とさつまいものレーズン煮…107
スズキ or 鯛のシードル煮…116
レーズン
ターキー …………………………71
ペペロナータ …………………81
林檎とさつまいものレーズン煮…107

〈豆腐・豆・豆加工品〉
油揚げ
簡単たけのこご飯 ……………11
餡
道明寺 桜餅 ……………………75
枝豆
そうめん三種汁 ………………106
金時豆
金時豆とベーコンのトマト煮…87
豆乳
そうめん三種汁 ………………106
豆腐
寄せ豆腐のあんかけ ……………10
豆腐と野菜のクリーム焼き ……19
豆腐ステーキ …………………29
ごぼうのキッシュ ……………53
カニ缶の茶碗蒸しコリアンダー乗せ…62
きのこの白和え ………………84
きのこの豆腐あんかけ …………93
乳和食の肉豆腐 ………………96
ぶどうの白和え ………………98
冷や汁 …………………………105
納豆
納豆サラダ ……………………105
花豆
花豆とするめいかのイタリアン炒め…81

〈卵・乳製品〉
牛乳
バナナケーキ …………………13
うどんのグラタン ……………20
パングラタン …………………21
豚ヒレ肉のハンガリーソース……24
生地から作る簡単ピザ ………50
豚ヒレ肉ときのこのマーマレード
焼き マッシュポテト添え ………56
エッグチーズスフレ ……………65
ターキー …………………………71
レアチーズケーキ ……………74
かぼちゃのスープ ……………91
乳和食の肉豆腐 ………………96
餅のマッシュポテトグラタン…108
卵
バナナケーキ …………………13
田舎風オムレツ ………………28
スペインオムレツ ……………36
カポナータ ……………………37
トンペイ焼き …………………40
簡単コルドンブルー …………50
ごぼうのキッシュ ……………53

手巻き寿司 ……………………58
串揚げ …………………………59
カニ缶の茶碗蒸しコリアンダー乗せ…62
鶏手羽と新じゃがの酢煮 ………63
エッグチーズスフレ ……………65
春のちらし寿司 ………………69
レアチーズケーキ ……………74
ホワイトアスパラの卵添え ……80
ジョナサンスープ(チリコンカン)…90
すき焼き ………………………113
鰯の詰め物 ……………………117
チーズ
茄子のミルフィーユ ……………12
チコリのハムチーズ乗せ ………13
新じゃがとブロッコリーのクリーム焼き…16
豆腐と野菜のクリーム焼き ……19
うどんのグラタン ……………20
パングラタン …………………21
きのこのファルシー ……………34
簡単コルドンブルー …………50
ごぼうのキッシュ ……………53
新じゃがと林檎のクリーム焼き…64
エッグチーズスフレ ……………65
レアチーズケーキ ……………74
茄子とトマトのチーズ焼き ……92
餅のマッシュポテトグラタン…108
餅のピザ風 ……………………109
鰯の詰め物 ……………………117
生クリーム
新じゃがとブロッコリーのクリーム焼き…16
豆腐と野菜のクリーム焼き ……19
豚ヒレ肉のハンガリーソース……24
新じゃがと林檎のクリーム焼き…64
温野菜のバーニャカウダ ………69
バター
パングラタン …………………21
牛サーロインと新たけのこと
菜の花 バルサミコソース ……25
豆腐ステーキ …………………29
温野菜のバーニャカウダ ………69
桃のクランブルケーキ…………74
レアチーズケーキ ……………74
ボイルポークのバーモントソース…79
かぼちゃのスープ ……………91
するめいかのワタ焼き…………114
ホワイトソース
茄子のミルフィーユ ……………12
うどんのグラタン ……………20
パングラタン …………………21
エッグチーズスフレ ……………65
ヨーグルト
フルーツのヨーグルト和え ……37
生地から作る簡単ピザ ………50

〈米・麺・穀類加工品〉
うどん
うどんのグラタン ……………20
サラダうどん …………………107

すき焼き ………………………113
お好み焼き粉
トンペイ焼き …………………40
ネギ焼き ………………………40
ソバ入りお好み焼き …………41
くず粉
胡麻豆腐…………………………87
クラッカー
レアチーズケーキ ……………74
米
簡単たけのこご飯 ……………11
里芋ときのこの混ぜご飯 ………15
手巻き寿司 ……………………58
春のちらし寿司 ………………68
パエリア ………………………78
冷や汁 …………………………105
シリアル
桃のクランブルケーキ…………74
そうめん
鯛そうめん ……………………58
そうめん三種汁 ………………106
そば
鶏汁のつけそば ………………47
パイ生地
ごぼうのキッシュ ……………53
パスタ
桃とトマトの冷製パスタ………55
パスタサラダ …………………72
春キャベツとアンチョビの
ペペロンチーノ ………………102
パン
パングラタン …………………21
ソパ・デ・アホ(スペイン風
にんにくスープ) …………21
具だくさんのにんにくスープ…49
ターキー …………………………71
ペペロナータ …………………81
ビール
スペアリブ………………………24
ホットケーキミックス
バナナケーキ …………………13
餅
餅のマッシュポテトグラタン…108
餅のピザ風 ……………………109
餅入り野菜のXO醤炒め…109
もち米
里芋ときのこの混ぜご飯 ………15
参鶏湯 …………………………88
茹でそば
ソバ入りお好み焼き …………41

〈海藻類〉
海苔
手巻き寿司 ……………………58
ひじき
ひじきのサラダ ………………110

料理・献立
富島恵子

編集制作
エー・アール・ティ株式会社

デザイン・DTP
KAJIRUSHI

日本橋とみしま流
本当に喜ばれる献立36
～料理上手の、とっさのおもてなし～

2018年11月5日　　　第1版・第1刷発行

料理・献立	富島 恵子（とみしま けいこ）
発行者	メイツ出版株式会社
	代表者　三渡 治
	〒102-0093　東京都千代田区平河町一丁目1-8
	TEL：03-5276-3050（編集・営業）
	03-5276-3052（注文専用）
	FAX：03-5276-3105
印　刷	三松堂株式会社

● 本書の一部、あるいは全部を無断でコピーすることは、法律で認められた場合を除き、
　著作権の侵害となりますので禁止します。
● 定価はカバーに表示してあります。
© エー・アール・ティ ,2018.ISBN 978-4-7804-2109-5 C 2077 Printed in Japan.

ご意見・ご感想はホームページから承っております
メイツ出版ホームページアドレス　http://www.mates-publishing.co.jp/
編集長：折居かおる　　副編集長：堀明研斗　　企画担当：折居かおる